日本疫病図説《にほんえきびょうずせつ》

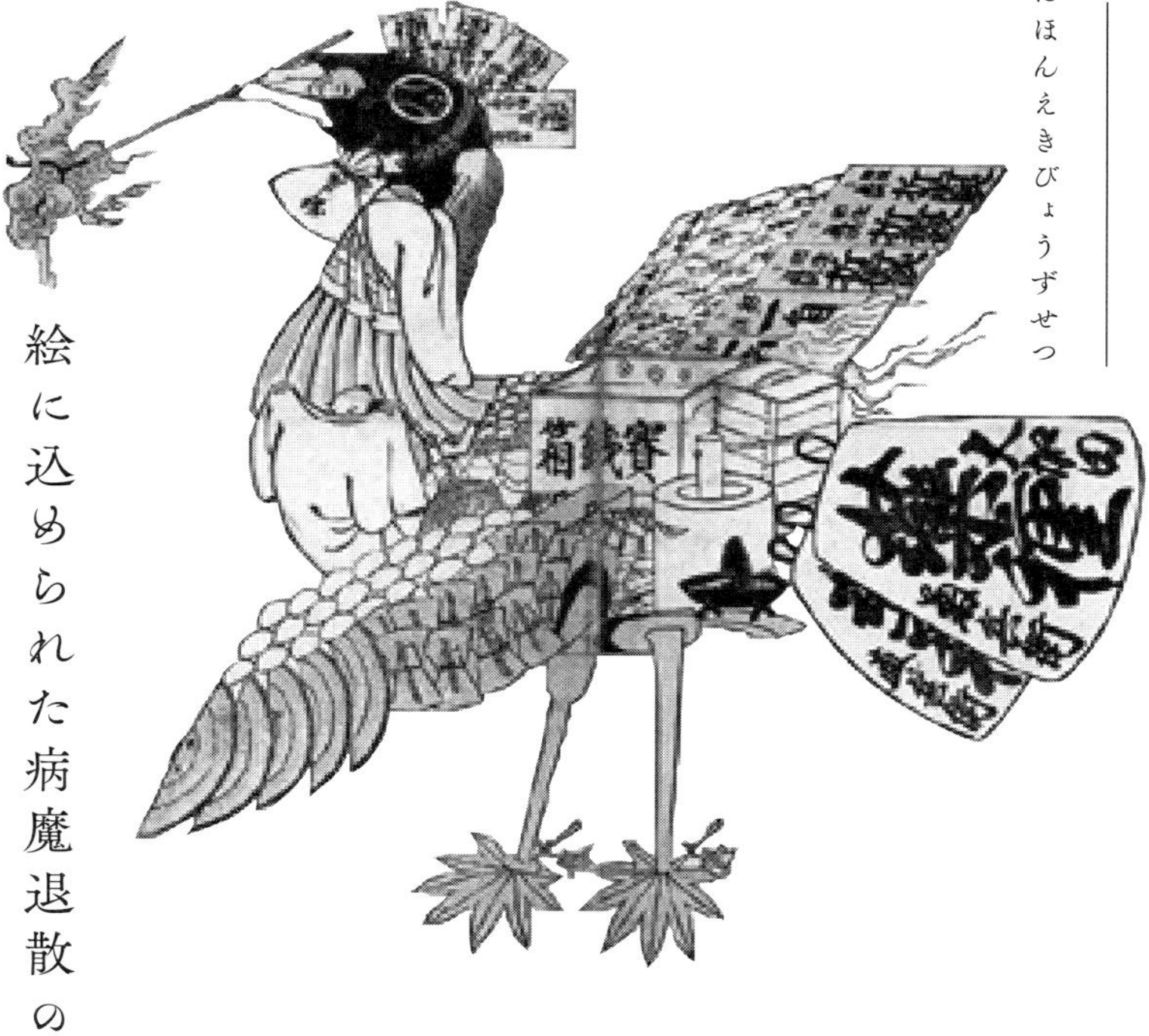

絵に込められた病魔退散の祈り

畑中章宏

笠間書院

はじめに

私たちが住む日本列島は、感染症の流行にたびたび見舞われてきた。ウイルスや細菌といった病原体の感染による病のうち、疱瘡《ほうそう》（天然痘）やはしか（麻疹）、コレラなどの疫病は、死亡率の高さから人びとを脅威にさらした。古代から中世・近世に至るまで、病原体が知られていなかった時代には、感染症はもののけや怨霊、悪鬼《あっき》など、目に見えない存在によってもたらされるものと信じられたのである。

疫病は繰り返し蔓延《まんえん》し、大量死をもたらすこともあった。またクラスター（集団感染）が発生しなくても、幼児が罹患《りかん》すると命を失う可能性が高いことから、さまざまな気遣いがなされた。朝廷や豪族は、疫病退散のために神仏を動員して盛大に祭りをおこない、神社を創建したり、伽藍《がらん》を建立して仏像を造営したりした。民俗社会においては、疫病を流行させる悪神は疫病神（厄病神・疫神・厄神）と呼ばれ、村境に注連縄《しめなわ》を張ったり、大きな草履をかけたりするなどして、彼らの侵入を防いだのである。

諸社寺が授ける護符を貼り、絵馬などを奉納して疫病神を除こうとする民俗的な習俗は近代に至るまで続き、現代人である私たちも、こうした〝まじない〟に囚《とら》われていないとはいえない。

美術史的な価値があり、技巧にも優れた絵画や彫刻に対して、素朴な信仰にもとづく民俗的所産は、庶民の切実さを如実に映し出したものだろう。疫病除けのための祈願を視覚化した「疱瘡絵」

や「はしか絵」は、表現力や精神性でも評価することができ、「芸術」の域にまで達しているのではないだろうか。病魔に対処するために創作された「疫病芸術」は、病と闘ういっぽう、病と付き合っていくために創造されたものなのである。

本書では、こうした疫病芸術を古代・中世の歴史と信仰からたどりなおすとともに、社寺の祭礼や授与品、郷土玩具などについても、隣接する文化として紹介していきたい。疫病をもたらす疫神との交渉はさまざまな表現をとりながら、私たちの生活をある側面では豊かにしてきたとも考えられるのだ。

これまで体系的に語られることが少なかった、感染症にまつわる民俗的な営為を通して、病魔に対処してきた人びとの切実な祈願と、想像力に満ちた表現意欲を再発見していくことにしよう。

日本疫病図説

目次

第一章／疫神の誕生

記紀に描かれた疫病

日本人の疫病との付き合い方は時代によりさまざまに変化してきた。古代の日本では流行病のことを「疾疫《えのやまひ》」や「役病《えやみ》」と記している。『日本書紀』には「国内ニ疾疫多ク」、『古事記』には「役病多《さは》に起こり」と記述し、「病気が流行して多くの人が亡くなる」事態があったことがうかがわれる。

『日本書紀』によると崇神《すじん》天皇の五年には、「国内に疾疫多くして、民死亡《まか》れる者有りて、且大半《なかばにす》ぎなむとす」といい、民衆が半分になるほどの惨事が起こった。この疾疫の原因は、宮中に天照大神《あまてらすおおみかみ》と倭大国魂神《やまとのおおくにたまのかみ》を並べて祀《まつ》っているためだとみなされたようである。そこで、「大田田根子《おおたたねこの》命《みこと》を大物主神《おおものぬしのかみ》を祀る祭主とし、倭国造・市磯長尾市《いちしのながおち》を倭大国魂神を祀る祭主とすれば天下は平らぐ」という託宣があり、崇神七年に疫病は収まった。事の経緯からこの疫病とその終息は、伊勢神宮と三輪明神（大神《おおみわ》神社）の成立に深くかかわる出来事だったと考えられている。『古事記』では崇神朝の疫災を、「此の天皇の御世に役病多に起りて、人民《おほみたから》尽きなむとす」とし、ほかに「役気《えやみのけ》」や「疫病《えのやまひ》」などとも記している。

書紀によると、欽明《きんめい》天皇一三年（五五二年）、百済の聖王（聖明王）から献上された仏像を蘇我稲目《そがのいなめ》が小墾田《おはりだ》の家に安置し、そこを寺院にしたところ疫病が流行した。排仏派と目される物部尾輿《もののべのおこし》と中《なか》臣鎌子《とみのかまこ》は、外国の神を祀ったことに対する日本の神の怒りが疫病の原因だとして、仏像を難波の堀江に捨て、仏殿を焼き払った。同様の事態は敏達《びたつ》天皇一四年（五八五年）にもあり、稲目の子である蘇我馬子と物部守屋、中臣勝海《なかとみのかつみ》のあいだでも起こっている。いずれの場合も、排仏派の豪族は、それまで祀っていなかった「神」を信仰しようとしたため、病気が蔓延《まんえん》したと捉えたのだ。しかし歴史的には、仏教は公認され、その隆盛に伴い、病気平癒、疫病退散を担っていくことになる。

ところで、記紀には病気に罹《かか》った人びとの症状が描かれていないことから、疱瘡《ほうそう》（天然痘）などの「感染症」だったか、ある一定の地域の住民に発生する「風土病」（地方病）だったかははっきりとしていない。

天平時代の疫病大流行

近世以前の日本で、流行すると多くの人びとが命を失うことでとくに恐れられたのは、天然痘と麻疹《はしか》だった。

天然痘が日本で最初に大流行したのは、天平七年（七三五年）初夏のことで、九州の大宰府を中心に北九州で猛威を振るった。『続日本紀』には、「天下、豌豆瘡《わんずかさ》を患い、夭死者《ようししゃ》多し」と記載されている。「豌豆瘡」は、病後に残るあばたがえんどう豆のようであることからつけられた病名である。同じ年の五月二十三日の勅によると、時の聖武天皇は、「災異が頻々《ひんぴん》と起こっているが、これは天地からの咎《とがめ》の徴《しるし》で、…施政者としての責めは予《われ》にある」とし、災害を消除し、国家を安寧ならしめるため、宮中と大安寺《だいあんじ》、薬師寺、元興寺《がんごうじ》、興福寺で大般若経の転読法要をおこなわせている。

天刑星《てんけいせい》

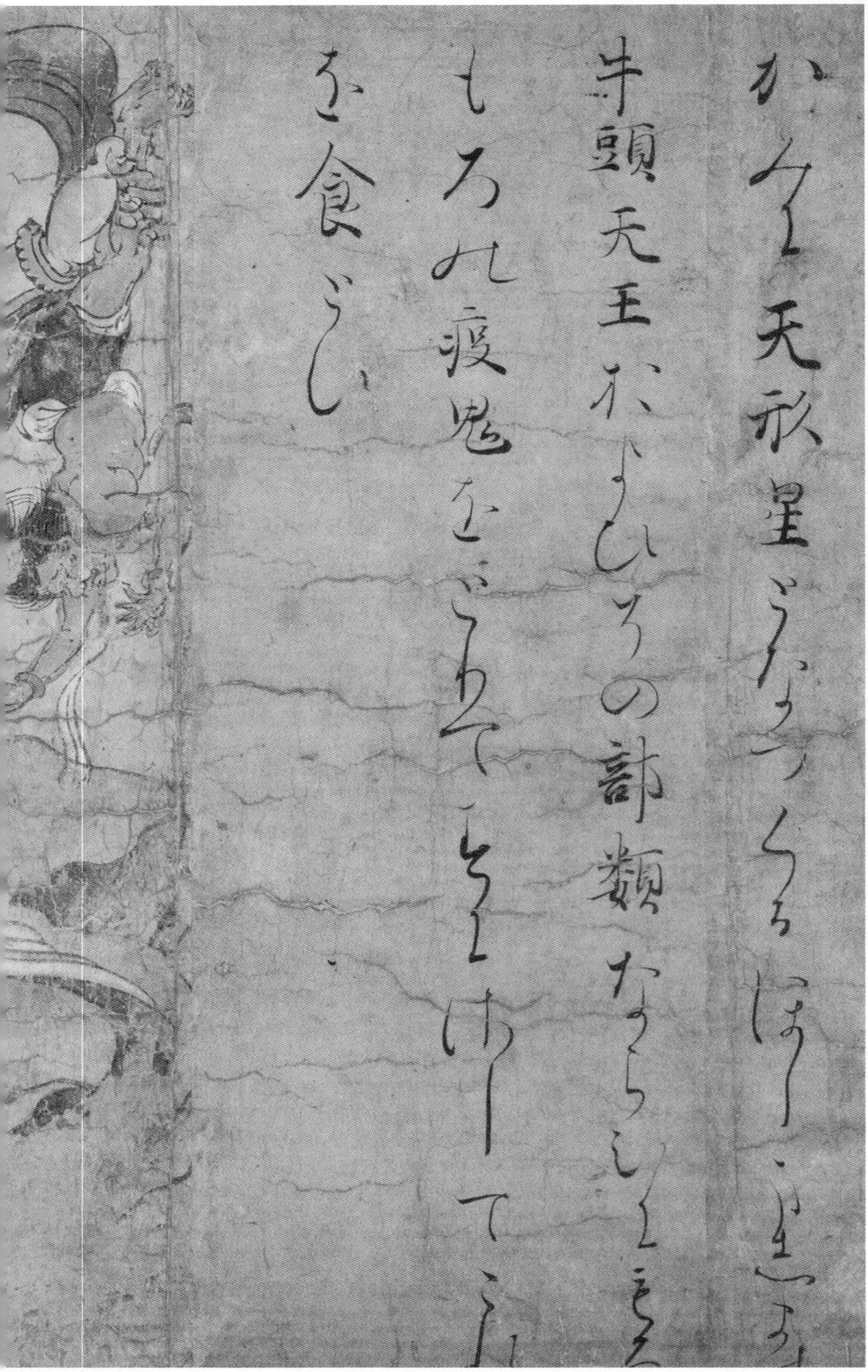

国宝「辟邪絵」より　平安時代末期から鎌倉時代初期
紙本着色　—26×39.2cm—
奈良国立博物館蔵の「辟邪絵《へきじゃえ》」は、後白河法皇が建立した蓮華王院の宝蔵に保管されていた「六道絵《ろくどうえ》」の一部と推定されている。陰陽道《おんめょうどう》の鬼神で、天の刑罰を与えるとされる天刑星が、牛頭天王《ごずてんのう》をはじめとする疫神たちをつかんで食らっているようすを描く。

聖武天皇はその後も、神に御幣《ごへい》を捧げて祈禱《きとう》するとともに、大宰府に使者を遣わし、疫病に罹った人びとには稲穀《とうこく》や布、綿、塩などを支給し、薬を与えるようにと命じている。聖武は神仏の力を借りて祭祀《さいし》や祈願をするとともに、実質的な施策もおこなっていたことになる。

天平九年（七三七年）にも日本列島を疫病が襲った。遣新羅使の阿倍継麻呂《あべのつぐまろ》が新羅からの帰途、対馬で病死し、副使の大伴《おおとも》三中《みなか》に伝染、三中が朝廷に参内した直後から疫病は平城京中に広まった。この疫災により、最高権力者だった藤原房前《ふささき》と三人の兄弟をはじめ、太政官八人のうち五人が死亡した。政権を揺るがしたこの疫病について、天然痘だったという説が根強かったが、ウイルス学研究者の山内一也は『ウイルスの意味論』においてその症状から麻疹だったのではないかと推論している。

平安時代になると、疫病の流行は無実の罪を着せられて亡くなった御霊《ごりょう》によるものだと考えられるようになる。疫災に対して、人びとは御霊を鎮め災厄を祓《はら》うための仏事をおこない、また歌舞や騎射、相撲、走馬《はしりうま》などを催した。こうした御霊鎮めは畿内から諸国にも広がった。貞観《じょうがん》五年（八六三年）の春、「咳逆病《しわぶきやみ》」が流行り、多くの人びとが倒れたため、朝廷は「神泉苑」で国家的な「御霊会」を初めて開いた。神泉苑には早良《さわら》親王、伊予親王など六柱の御霊の霊座が設けられ、経典の演述や、雅楽の演奏、稚児《ちご》の舞などが奉納された。なお御霊会のきっかけになった咳逆病は、現代のインフルエンザだった可能性が高いとされている。

祇園大明神《ぎおんだいみょうじん》

「諸宗仏像図彙3」より　元禄3年（1690年）

インド祇園精舎の守護神とされる牛頭天王は、平安京・祇園社の祭神で、「祇園天神」とも呼ばれた。古代神話のスサノヲノミコトと習合して各地の天王社に祀られ、薬師如来を本地仏とした。

疫神の代表格・牛頭天王

疫病をもたらす鬼たちを、異形の神が懲らしめるところを描いた「辟邪絵《へきじゃえ》」という絵がある。邪悪な鬼を退治する五つの辟邪神（天刑星・鍾馗《しょうき》・梅檀乾闥婆《せんだんけんだつば》・神虫《しんちゅう》・毘沙門天《びしゃもんてん》）を描いた一巻の絵巻を切断し掛幅《かけふく》に改めたもので、平安時代から鎌倉時代の作だとされている。

このうち天刑星は、もともとは天界で星々を司るとされた中国の道教神で、日本では陰陽道で駆使される式神の根源だといわれる。詞書《ことばがき》によると、天刑星が捕えて食べている悪鬼《あっき》は、牛頭天王をはじめとする疫鬼《えきき》とされ、天刑星はまた、祇園社に祭神として祀られる牛頭天王《ごずてんのう》の同体異名とも考えられていた。

疫病を除けるため信心された尊格には、神話や仏典に現れないものがあり、なかでも牛頭天王はその代表的な尊格で、その名のとおり頭部に牛の頭を戴《いただ》いている。「辟邪絵」が描かれた時期に、天刑星と牛頭天王が同体だとみなされたかは不明だが、天刑星と疫病を司る牛頭天王が習合していく過程を示唆するものである。

牛頭天王はやがて、大陸の武塔神《むとうしん》、日本神話のスサノヲノミコト、そして仏教の薬師如来などと習合していった。京都の八坂神社は、明治の神仏分離まで「祇園感神院《かんしんいん》」などと呼ばれて、牛頭天王とスサノヲが同体として祀られ、神宮寺である観慶寺の本尊は病気平癒で信仰されてきた薬師如来だった。

牛頭天王像

ごずてんのうぞう

木造　平安時代　―高さ約60cm―

牛頭天天は安倍晴明編纂《へんさん》の伝承がある『簠簋内伝《ほきないでん》』では、黄牛の面を頭につけ、斧《おの》と羂索《けんさく》を持った忿怒《ふんぬ》相とされている。京都府木津川市・松尾神社の像は、甲冑《かっちゅう》を着けて戟《げき》を取る半跏《はんか》像で、一二世紀に遡る優品。

疫病除けのための神仏では、角を生やし、夜叉《やしゃ》の形相をかたどった「角大師《つのだいし》」の護符が普及した。角大師は、比叡山中興の祖とされる元三大師良源《がんざんだいしりょうげん》が夜叉に化して疫神を追い払ったときの姿だといわれ、その護符は家の門口に貼ったり、害虫除けに竹などに挟んで田の畔《あぜ》に立てたりもした。

縁起絵巻に描かれた疫神たち

中世に成立した「融通念仏縁起絵巻《ゆうずうねんぶつえんぎえまき》」（18－19頁）には、鬼の姿をした疫神たちが名主の夢に出現し、仏事をおこなっている道場の門に押し寄せているようすが描かれている。この縁起絵巻は大原の良忍《りょうにん》上人が融通念仏を感得して勧進を始めた由来や、その利益《りやく》の現証の数々を記したもので、疫神が登場するのは「正嘉疫癘《しょうかえきれい》」の段においてである。

「融通念仏縁起絵巻」の清涼寺《せいりょうじ》本によると、正嘉年間（一二五七～五九年）の頃、疫病が大流行し、多くの人が病死した。そのとき、武蔵国与野郷《よのごう》に一人の名主がいて、疫病を逃れようと念仏を思い立ち、番帳（融通念仏信者の名簿）をしたため、仏間《ぶつま》に安置して寝入った。その夜、夢の中に異形のものが大勢で現れ、口々になにやらわめきながら、門内に乱入しようとした。名主が驚いて門前に走り出ると、いままで見たこともない鬼たちだった。

頭に角を生やし金色の髪を逆立てたもの、筋骨隆々で肌の色は赤や青、三つ眼どころか八眼のものや、鶏頭やのっぺらぼうなどといった恐ろしくも奇妙な疫神たちである。名主が念仏勧進の次第を語ったところ、疫神たちは喜んだようすで、名主の差し出した番帳に判形《はんぎょう》（草書体で書いた判）を

角大師《つのだいし》

「角大師」「豆大師」「厄除け大師」など、元三大師良源をかたどった護符は、魔除けの利益で信仰を集めた。このうち角大師は、良源が夜叉の姿に化して疫神を追い払ったときの姿とされ、民家の門口などに貼られた。滋賀県長浜市の玉泉寺は良源の生誕地に建立された寺院で、鎌倉時代の作とされる「木造慈恵大師坐像」（重要文化財）を本尊とする。

融通念仏縁起絵巻

ゆうずうねんぶつえんぎえまき

下巻
六角寂斎ほか 作
紙本著色　応永24年（1417年）
｜34.8×2050cm｜

「融通念仏縁起絵」は、融通念仏宗の宗祖である良忍上人が融通念仏の功徳についての啓示を受け、布教に努めたようすや融通念仏の霊験を絵巻にしたもの。下巻の第九段「正嘉疫癘《せいかえきれい》」の段には大勢の疫神の姿が描かれている。

加えていった……。

この絵巻のなかの疫神たちは、「辟邪絵」に描かれた天刑星や牛頭天王などとは違って、どことなくユーモラスで人間味があり、民俗社会や近世のまじない絵における疫病神にも似た性格を持ち始めているかのようだ。

民俗のなかの疫病神

感染症をもたらす疫病神は畏敬や崇拝の対象であるより、地位が低い悪神・悪霊とみなされていたようである。このためにその対処法も見下したものであり、また疫病神を家に迎えて歓待して、病気から守護してもらうこともあった。

民俗社会では、奥羽・関東・東海を中心に年中行事としての「疫神送り」が、広い範囲にわたっておこなわれてきた。もともとは臨時の祭りであったため、行事の日取りは暮や正月、事八日《ことようか》（二月八日、十二月八日）、田植えの頃、盆の前や後、稲刈りの頃というようにさまざまな時期に分かれている。

また土地ごとに、「人形送り」、「カゼの神送り」、「鹿島送り」、「弥五郎送り」、「ハラの神送り」、「オカタ送り」などというように、さまざまな形態でおこなわれ、多くの場合、虫送りなどと同じように、藁《わら》の人形を作って村の中を回り、村境の川などに送り出された。また土地によっては疫病送りの人形に、家ごとの穢《けが》れを負わせる習俗もあった。

疫神や悪霊に対しては水に流すほかに、火で焼くという形式もとられた。小正月の火祭りや盆の送り火などは、歳神《としがみ》や精霊を送るだけではなく、疫神や悪霊を退けるものでもあった。小正月の火祭りは、関東から中部にかけて、サエの神や道祖神への信仰と結びつき、一部の地域では一つ目小僧とのかかわりが伝えられているところもある。

疫神が入ってくる前にも、侵入を防ぐために道切りなどの方法が試みられた。村の入口に注連縄《しめなわ》を張り、草鞋《わらじ》や草履などを吊るしたり、奥羽から関東では疫病送りの人形でも村の外に送り出さず、村境に立てておくこともある。それらは「大人形」、「鍾馗《しょうき》」、「鹿島」、「ドンジン」などと呼ばれるが、総称して、「人形道祖神」ともいわれている。

疱瘡神という流行神

疱瘡に罹ると激しい頭痛と高熱に見舞われ、体中にできた発疹が膿疱《のうほう》となり、やがてあばたとなって残る。平安時代には、疱瘡は裳《も》のように裾広がりに感染者が増えることから、「鉋瘡」に「もがさ」と読み仮名をつけた史料もある。江戸時代からは「痘瘡《とうそう》」とも呼ばれ、膿疱が治った後のかさぶたの形から庶民のあいだでは「いも」とも呼ばれた。

ワクチン療法が開発されるまで、子どもや妊婦が重症化して死亡することが多い病気で、また目に症状が出ると失明することがあり、〝独眼竜〟伊達政宗も、疱瘡の後遺症で右目を失明したといわれている。膿疱の跡があばたとして残るため、「疱瘡は見目定め」といわれ、命が助かり治ったとしても、多くの人が容姿の変化に苦しんだ。

有効な治療方法がない疱瘡が流行ると、人びとは神社仏閣への参詣だけではなく、地域ごとに疱瘡神送り、虫送りなどの行事をおこなった。また疱瘡神は赤色を嫌う、もしくは好むという信心があり、赤い色の呪術的な力によって疱瘡に罹らない、罹っても軽く済む、あるいは治るものと信じられた。江戸時代には、患者が寝起きする部屋の調度や身につけるものを赤くしたり、病気の子どもを赤く塗った郷土玩具で遊ばせたり、「赤絵」と呼ばれる絵を身近なところに置いておくようなことがおこなわれた。

疱瘡は子どもが無事に成長するか否かの大きな関門だった。そこで、疱瘡神の気を惹くように、子どもの玩具を赤くしておくと、子どもには取り憑《つ》かないと考えたようである。子どもが疱瘡に罹ったときには、部屋に赤い幔幕《まんまく》を張り、身の回りのものすべてを赤色にしたり、疱瘡による発疹が真っ赤だと病状が軽く済むともいい、さらに赤い色への信心が強まったと考えられている。

また、疱瘡は近世まで、海外からもたらされる脅威だという見方がなされていた。

元禄時代の医学書『小児養育しらぎ草』には「住吉大明神を痘瘡神としてまつるべしという」とあるのは、痘瘡（疱瘡）は新羅《しらぎ》からくる病だから、三韓降伏の神である住吉大明神を祀ると病魔に勝つという信心にもとづくものである。江戸では、雑司が谷の大鳥神社の境内に「鷺《さぎ》明神」を疱瘡神として祀っている。

事八日の大草鞋

ことようかのおおわらじ

茨城県桜川市真壁町桜井の五味田《ごみた》地区では、二月八日の「事八日」に長さ一メートルを超える大草鞋を編んで飾り、疫病除けを祈願する。大草鞋は地区の南側の川に架かる門に掲げられ、さらに小ぶりな三枚の草鞋を地区の東・西・北の木に吊るして厄病神が村に入ってくるのを防いだ（行事は現在中断している）。

鹿島様

かしまさま

人形道祖神の一種。秋田県中南部を中心とした地域に集落の境に祀られ、疫病などの災厄が入ってこないように設けられている。湯沢市の岩崎地区には、三体の鹿島様があり、大きさはいずれも三～四メートル、鬼面を付け、藁でできた胴体には鎧《よろい》をまとい、二本の刀を帯びる。写真は末広町の鹿島様。

機知に富む「はしか絵」

天然痘＝疱瘡とともに恐れられた麻疹も、日本人とは長きにわたる交渉史がある。『日本紀略』長徳四年（九九八年）に、「赤斑瘡」という名前で麻疹のことが記載されている。麻疹は発疹が出る病気であることから、かつては疱瘡や風疹としばしば混同され、中国や西洋でも一八世紀まで明確な区別がなされなかった。麻疹は「稲《いな》目《め》瘡《がさ》」や「赤《あか》疱《も》瘡《がさ》」とも記され、『栄花物語』には「今年例の裳《も》瘡《がさ》にはあらで、いと赤き瘡《かさぶた》の細かなるいできて」とあり、大流行したこの感染症が麻疹だったことがわかる。

鎌倉時代には麻疹は「はしか」とも呼ばれるようになったが、はしかは「はしかし」という言葉に由来し、稲や麦の芒《のぎ》（実の外側の固い毛）でこすられたような感じを形容したものである。麻疹に罹ると、咽喉の痛みから「はしかし」の状態になることから、こうした病名がつけられたとみられる。また同じような由来から「イナスリ（稲摩）」とも呼ばれた。

麻疹は感染力が非常に強く、だれもが人生で一度は罹る病気だと考えられていた。また一度流行すると、その地域の住人のほとんどが罹り免疫を得ることから、大規模な流行は見られないものの、周期的に大流行が発生した。

江戸時代に麻疹が流行した際には、浮世絵師らによって「はしか絵」が描かれた。はしか絵は、麻疹の予防や心得、麻疹に罹っても軽く済むまじない、食べてよいもの悪いもの、日常生活の摂生、病後の養生法などを絵にしたもので、またそのための但し書きが添えられた。大量に描かれたはしか絵のなかには機知やユーモアに富むものも多く、現代人が〝鑑賞〟しても楽しめるものが多い。なお麻疹をもたらす神は、疱瘡神と同様に考えられていたか、あるいは明瞭なイメージを持って信仰されていなかったようで、疱瘡神ほど熱心に祀られていなかったとみられる。疱瘡絵やはしか絵として、どのようなものが描かれたかについては次章で詳しく見ていくことにしたい。

column 01

祇園信仰と蘇民将来

夏越《なごし》の祓《はらえ》の「茅《ち》の輪くぐり」から祇園祭の「粽《ちまき》」まで、よく知られた習俗には、牛頭天王に対する信仰や蘇民将来伝説が背景にある。インドの神が日本の神と結びつき、庶民に受け入れられるようになったいきさつ。

疫病除けの祭り

夏の京都を彩る祇園祭は近世以前まで牛頭天王を祀っていた八坂神社（京都市東山区）の祭礼であり、古代・中世の疫病流行をきっかけにおこなわれるようになったものである。

貞観五年（八六三年）、疫病が流行し、天災が相次いだため、藤原基経と藤原常行が遣わされ神泉苑で「御霊《ごりょう》会《え》」がおこなわれた。その後も、富士山の噴火や貞観大地震などの大災害が襲ったことから、貞観一一年（八六九年）六月十四日に、当時の国の数である六六本の鉾《ほこ》を造り、祇園社（八坂神社の前身）から神泉苑に神輿《みこし》を送る「祇園御霊会」が催され、災厄の除去を祈った。この祇園御霊会が「祇園祭」の起源だとされている。

八坂神社の祇園祭は、祓いを中心とする夏祭りの源流といわれ、八坂神社や津島神社など牛頭天王を祀っていた社を中心に、この祭りの影響を受けた祭りは全国にわたる。疫病が蔓延しやすい六月から七月にかけて、海辺や川辺で神輿を担いだり、海中や川中へ神輿をつけたり、神輿に水をかけたりするもので、山や鉾とともに各地の都市に受け入れられていった。

祇園祭のほかにも、疫病をきっかけにおこなわれるようになった祭りは少なくない。

大阪の天神祭は、天暦五年（九五一年）に大阪天満宮の前の大川から神鉾《かみほこ》を流し、漂着した場所に祭場を設けて、疫病退散を祈った「鉾流《ほこながし》」の神事が起源といわれている。博多祇園山笠は、仁治《にんじ》二年（一二四一年）に博多で疫病が大流行したとき、承天寺《じょうてんじ》の開祖・聖一《しょういち》国師が、

八坂神社本殿〈国宝〉

現在の建物は承応３年（1654年）に徳川家綱が建立したものだが、平安時代の建築の空間構成を伝え、中世の信仰儀礼と建築の関係をよく示す。祭神の牛頭天王は、明治の神仏分離により素戔嗚尊《スサノヲノミコト》、櫛稲田姫命《クシイナダヒメノミコト》、八柱御子神《ヤハシラノミコガミ》に改められた。

八坂神社摂社疫神社

蘇民将来を祀り、７月31日には祇園祭の締めくくりである「夏越祭《なごしさい》」がおこなわれる。夏越祭では参詣者が鳥居に取り付けられた大茅《おおち》の輪をくぐり、「蘇民将来子孫也」と記された厄除けの護符を授かる。

祈禱水をまきながら町を清めて回り、疫病退散を祈願したことから発祥したという説がある。

祇園信仰の起源

疫神の代表である牛頭天王に対する民間信仰は蘇民将《そみんしょう》来《らい》をめぐる伝承を通じて広まった。

『備後国風土記』逸文によると、北海の神である武塔神《むとうしん》が、妻となる女性を探すために南海を訪れて宿を請うたところ、富裕な弟の巨旦《こたん》将来は断ったが、貧しい兄の蘇民将来は歓待した。年を経て、武塔神は巨旦一族を滅ぼし、蘇民に対しては「吾は速須佐雄《はやすさのお》の神なり、後の世に疫気あらば、汝、蘇民将来の子孫と云ひて、茅の輪をもちて腰に着けたる人は免れなむ」と、茅の輪の法を教えたという。また託宣に「我は天竺祇園精舎の守護の神なりと云々、故に祇園社と号す」と述べられていることから、祇園精舎の神である牛頭天王と習合し、祇園信仰へと発展していった。

この信仰は備後国の疫隈國社《えのくまのくにつやしろ》（広島県福山市）から、播磨《はりま》明石浦、播磨広峰山《ひろみねさん》、北白川東光寺を経て、祇園感神院（祇園社）へと伝播《でんぱ》していった。祇園感神院とは神仏習合時代の京都八坂神社のことである。『祇園牛頭天王御縁起』には、牛頭天王の本地仏が薬師如来で、武塔天神の子として日本に垂迹《すいじゃく》したとされる。明治の神仏分離まで祇園感神院には牛頭天王とともにその同体とされるスサノヲを祀り、神宮寺である観慶寺は薬師如来を本尊とした。

「夏越の祓」と「蘇民将来符」

各地の神社で六月末日（または七月末日）の「夏越の祓」の際におこなわれる茅の輪くぐりも、蘇民将来伝承にもとづき、茅の輪を身につけた人は病気に罹らず、蘇民将来にあやかり疫病神を祓うというものである。その札を提げた家には疫病が入ってこないと信じられ、紙や板の札に「蘇民将来子孫之門」とか「蘇民将来子孫繁昌也」などと書いて、戸口に貼って魔除けとしたり、畑に立てて虫除けにしたりする地域もある。

祇園祭の授与品である「粽」にも同様の文言が記され、家の門口に吊るして厄除けに一年間お祀りし、翌年の祇園祭で新しいものと取り替える。

また六角形に細工した「蘇民将来符」も厄除けの護符

祇園祭　長刀鉾《なぎなたぼこ》

古代の祇園御霊会を起源とする祇園祭。７月17日の「山鉾巡行」では、長刀鉾を先頭に32基の山鉾が、祇園囃子《ばやし》の音色とともに京都の町をめぐる。長刀は疫病邪悪を祓うものとされている。

祇園祭の粽

祇園祭の山鉾町で授けられている「粽」は、蘇民将来と茅の輪の伝承にちなむもので、家の門口などに吊るして厄除けに１年間お祀りし、翌年の祇園祭で新しいものと取り替える。

とされた。この護符は、「蘇民将来子孫」などの文字を記した六角柱または八角柱の短い棒で、房状の飾りや紐をつけて帯に結び下げるようになったものもあり、牛頭天王と縁の深い京都の八坂神社をはじめ、長野県上田市の信濃国分寺、愛知県の津島市津島神社など各地の社寺で授けられる。なお、この蘇民将来の護符の伝播には、修験者や陰陽師といった宗教者の関与があったと考えられている。

岩手県奥州市の黒石寺薬師堂で旧正月の七日におこなわれる「蘇民祭」は、六角形のヌルデの木札が数百本入った蘇民袋を、裸の男たちが東西に分かれて奪い合う行事である。

蘇民将来符〈伊勢・志摩地方〉
三重県の伊勢から志摩方面では、板状の蘇民将来符を正月の注連縄とともに飾った家がよく見られる。「蘇民将来子孫家」と縦書きで記し、その両脇に「七福即生」、「七難即滅」の文字を配し、下部には「門」の文字を左右に開いてあしらう。

蘓民将来符〈信濃国分寺（八日堂）〉
信濃国分寺（長野県上田市）で1月7日と8日におこなわれる「八日堂縁日」で参拝者に授けられ、招福除災を祈る護符。護符の「蘇」の字は昔から「蘓」の文字が使われ、ドロヤナギ材の手彫りで六角形をしている。

第二章／近世のまじない絵

「赤絵」とも呼ばれた疱瘡絵

江戸時代までの日本では、天然痘（疱瘡《ほうそう》）、麻疹《はしか》、水疱瘡（水痘）が3大大病とされ、なかでも死亡率が高い天然痘と麻疹は、それぞれに対して疫病芸術が創作された。

幕末に流行った疱瘡除けの錦絵「疱瘡絵」は「赤絵」とも呼ばれ、縁起のいい絵柄や語句を赤一色で刷ったもので、疱瘡に罹《かか》った人にお見舞いに贈られた。

疱瘡絵には、疱瘡の神を退治したという伝承を持つ鎮西八郎為朝《ちんぜいはちろうためとも》や、中国民間信仰の魔除けの神で鍾馗《しょうき》などが好んで描かれ、また金太郎や桃太郎といった昔話の登場人物、ミミズク、ウサギなどの動物、若駒や羽子板、鯛車、達磨《だるま》などの玩具も題材になった。疱瘡絵は症状が治まると川に流したため、現存するものはあまり多くない。

鎮西八郎、鍾馗そのほか

鎮西八郎為朝こと源為朝は鎌倉時代の武将で、流罪ののちに支配した伊豆諸島で疱瘡が発生しないことから、疱瘡神が為朝に恐れをなしたせいだと考えられるようになった。こうした疱瘡神退散伝説から疱瘡絵の題材として人気が高まり、家の門口に「為朝の宿」「為朝ここにあり」などと書いた紙を貼るまじないも広くおこなわれた。

鍾馗が疫病除けにもてはやされたのは、玄宗皇帝の夢枕に現れ、悪鬼を退治し、病魔を追い払ったという故事から、疫鬼《えきき》を退け、魔を除く力があると信じられるようになったためである。中国では大晦日に鍾馗の図を貼って悪霊を祓《はら》っていたが、この風習が端午の行事のなかに加わり、日本で

疱瘡神祭る図《ほうそうのかみまつるず》

「疱瘡心得草」より
寛政10年（1798年）｜約23.4×14.5cm｜
疱瘡に罹らないように、また罹っても軽く済むように、神壇を設け供物を捧げて疱瘡神の退散を祈った。

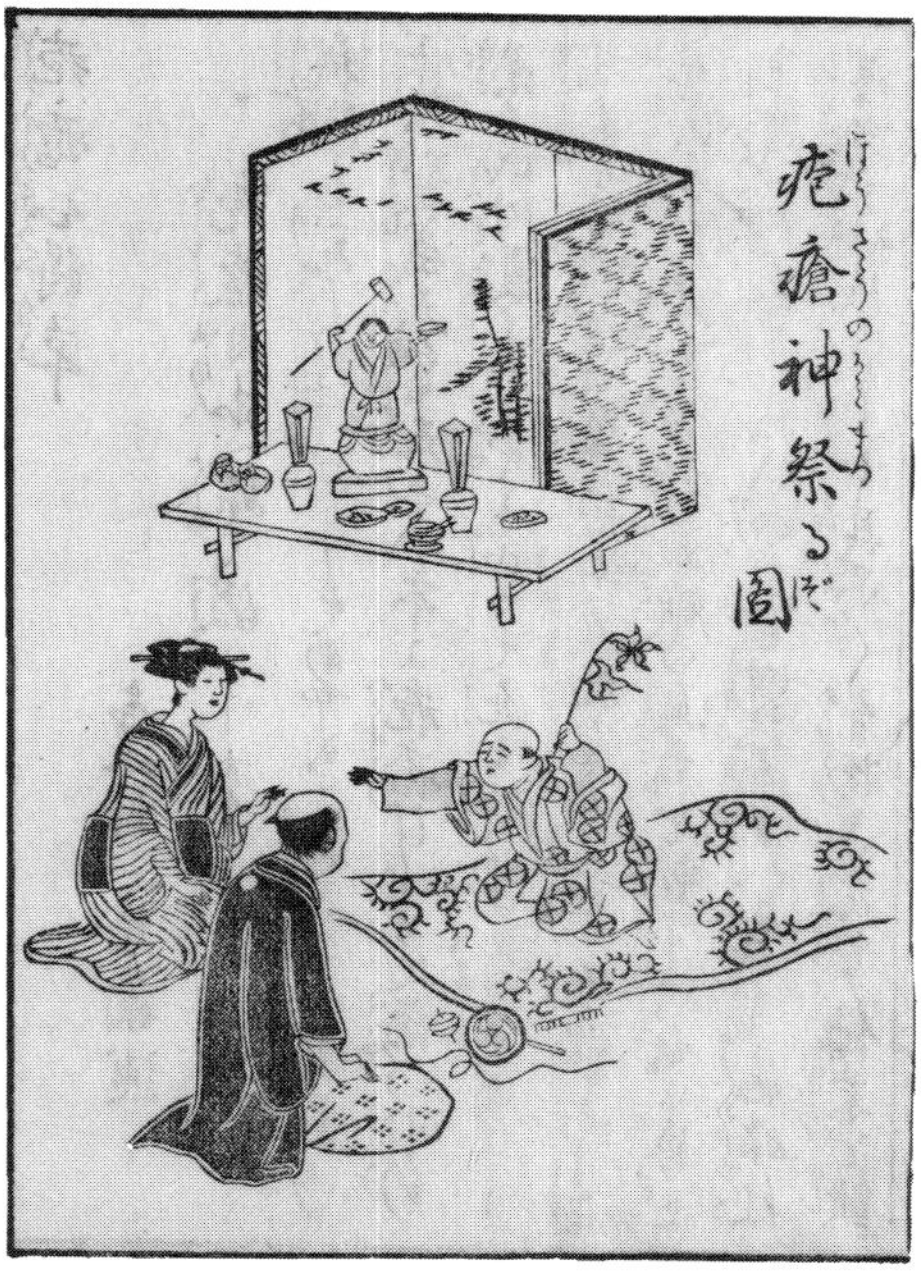

も端午の節句の人形や幟《のぼり》に魔除けとして用いられるようになった。

中国の想像上の生き物で、日本の能では、真っ赤な装束で酒に浮かれて舞い謡う猩《しょう》々《じょう》も、疱瘡絵に描かれたり、人形に作られたりした。商売繁盛や豊蚕祈願で親しまれていた達磨は、「起き上がり」の意味から病気の回復を願って描かれた。このように疱瘡絵は、題材の性格を活かしたり、文脈を読み替えたりと機知に富み、巧みに図像化されたものが少なくない。

疱瘡神を祀《まつ》る「疱瘡祭」もさかんにおこなわれた。下野《しもつけ》地方の疱瘡祭では、庭に四本柱を立て、幔幕《まんまく》をめぐらし、大臼を据え、数十人の男女がはやしたてながら餅をつき、赤色の御幣で飾った神棚に供えたという。また痘瘡除けの疱瘡神の御幣も社祠《しゃし》もすべて赤色だった。

一七九六年にイギリスのエドワード・ジェンナーが牛痘種痘法による種痘を発明すると、天然痘予防の画期的な方法として世界中に普及していった。この牛痘種痘を日本で初めて成功させたのは、長崎に住む佐賀藩医の楢林宗建《ならばやしそうけん》で嘉永二年(一八四九年)のことである。ドイツ人医師フィリップ・フランツ・フォン・シーボルトから牛痘法を直接教わった宗建は、自身の子どもに牛痘を接種したのだった。牛痘法は全国に広まっていったが、牛痘を接種すると牛になるという迷信を信じる人もいたため、医師たちは種痘の効能を説いたちらしを作り、普及に努めた。

「はしか」のまじない

文久二年(一八六二年)麻疹が未曽有の大流行をした際、麻疹の予防法や摂生の仕方を描いた錦絵、

「はしか絵」が大量に出版された。

はしか絵は護符としての役割だけでなく、麻疹に関連する文字情報が盛り込まれた。絵柄と添え書きの内容もさまざまで、麻疹の予防や心得、麻疹に罹っても軽く済むまじない、罹ったときに食

牛痘接種引札《ぎゅうとうせっしゅひきふだ》
疱瘡の神とは《ほうそうのかみとは》
誰か名付けん《だれかなづけん》

嘉永6年（1853年）—26×40cm—

牛に乗った牛痘児が疱瘡神を種痘針の槍で追い払っているようすを描く。牛痘接種をすると牛になるという迷信を信じる人もいたため、このようなちらしを作って種痘の普及に努めた。

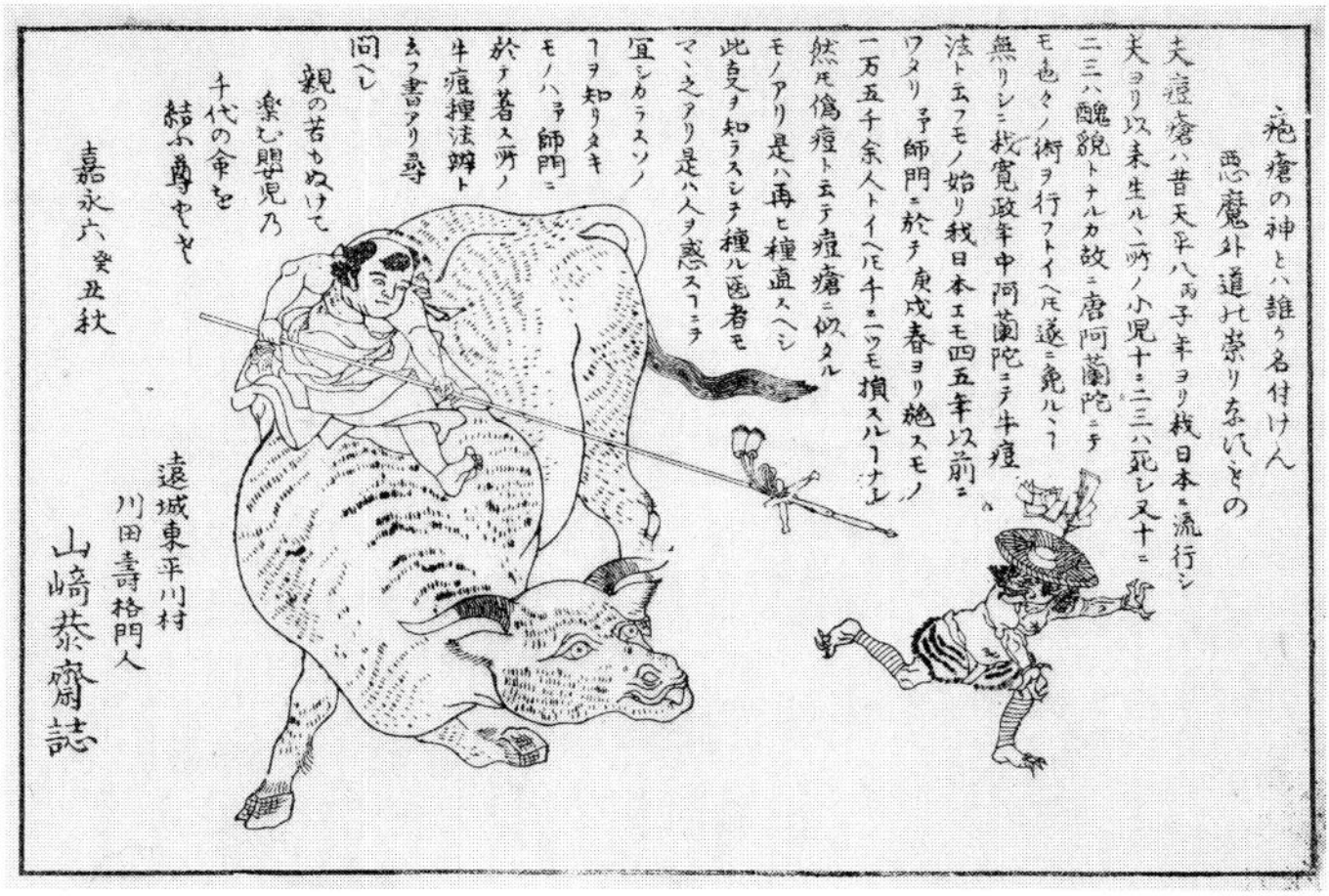

べてよいもの悪いもの、病後の養生法、病魔である麻疹の神を追い出そうとする絵柄や、麻疹の流行で景気がよくなった商売と悪くなった商売を表したものなど多彩である。疱瘡絵がおもに病児の枕元に病気治癒の祈りを込めて貼られたのに対し、はしか絵は大人も対象にし、情報伝達のみならず風刺や滑稽といったさまざまな表現をあわせ持っていた。

麻疹を軽くする方法を描いた絵のなかには、柊《ひいらぎ》と多羅葉《たらよう》の葉が描かれたものがある。柊の葉にはとげがあり、魔除けに使われる。多羅樹葉はモチノキ科の高木「タラヨウ」の葉のことで、長楕円形の大形の葉の裏を引っ掻いて文字を書くと、墨で文字を書いたようになる。この性質が経文を同じように掻記する多羅樹《たらじゅ》の葉に似ていることから、タラのような葉という意味で、タラヨウの名が生まれたという。はしかの流行時には軽く済むようにまじないの言葉を書き、この葉のないときには、絵を切り抜いて流せばよいとされた。

はしかの民間療法として伊勢えび、干し柿、蜂の巣を煎じたものや、金柑、犀角《さいかく》などを飲ませることがあった。これは早く真っ赤になり、発疹を出しきれば安全だという迷信によるものである。はしかにかんするまじないにはほかに、徳島県の祖谷《いや》地方では麻疹や百日咳除けとして桑の木細工を首にかけたり、南天の枝を肌につけたり、鮑《あわび》の貝殻を軒先に吊るすなどしたという。兵庫県の但馬《たじま》地方山間部では「はしか送り」といって、桟俵《さんだわら》にのせた小豆入りの握り飯二つと、それに水引をかけた笹の葉を添えたものを、家の近くの四つ辻《つじ》に置くなどした。

宮田登によると、医学史や民俗学の領域では、疱瘡絵とはしか絵は民衆の医療風俗を伝える史料として、一緒にして紹介されることが多かったという。しかもはしか絵は、疱瘡絵の亜流という評価で、医療水準が低く有効な治療法がないために、まじないや迷信、民間療法を描いたはしか絵が歓迎されたというふうにみなされてきた。しかしその後の研究により、はしか絵の出版は、大事件や珍事・奇談を絵と文字によって描く「時事錦絵」と呼ばれる出版の流れのなかに位置づけて評価

麻疹癚語

ましんせんご

乍昔堂花守 著・渓斎 画
文政7年（1824年）｜約17.7×12.5cm｜
小説の挿絵で、薬屋の店頭には「麻疹の大妙薬」、「升麻葛根湯《しょうまかっこんとう》」という文字を記した看板が掲げられ、疫病が流行って薬局に列をなす人びとのようすが描かれている。

されるようになったという。はしか絵は、流行病がもたらす喜怒哀楽の諸相を、情報として人びとに伝える表情豊かな媒体なのであった。

コレラ除けの意外な信仰

コレラはもともとインドの一部地域に限定された病気で、紀元四〇〇年頃から知られていたが、一八世紀にヨーロッパ人がインドに進出した後、世界中に広まった。なかでもアジア型コレラは症状の進行が早く、二、三日のうちに死んでしまうほどだったため、「三日ころり」と呼ばれた。コレラの別名はほかにも多く、感染の速さを千里を走る虎、その恐ろしさを狼になぞらえて「虎狼痢」や「虎狼狸」と書き記すこともあった。

コレラの世界的大流行が日本に最初に及んだのは文政五年（一八二二年）で、インド、東南アジアから中国・朝鮮半島を経て、対馬経由で下関に伝わった。対馬では症状が激しく、見る見るうちに広まることから、「見急」と呼ばれた。コレラは山陽道沿いに東へと伝播《でんぱ》し、大坂で爆発的に流行した。当時の大坂は海と川を結ぶ通運が発達していたため、感染は川沿いに広まり、船着場付近で大勢の人びとが感染したという。

安政五年（一八五八年）に長崎で発生したコレラは、二か月あまりで江戸にまで流行が拡大し、多くの人が亡くなった。この流行は三年に及び、黒船（異国船）の来航と関連づけられた。コレラは異国人がもたらした悪病だとみなされ、関東・中部地方では、秩父の三峯神社や武蔵御嶽《みたけ》神社の眷《けん》属《ぞく》であるニホンオオカミがコレラを退治するという民間信仰が興った。

歴史学者の高橋敏《さとし》によると、コレラを除去するにはその根源にいる悪狐《あっこ》＝アメリカ狐を退治しなければならず、その〝異獣〟に勝てるのは狐の天敵である狼、山犬をおいてほかにないと考えられ

三日ころり愛哀死々

みっかころりあいあいしし

安政5年（1858年）　一約23×15cm一

コレラが大流行した際、そのようすを題材にした長唄本で、「愛哀死々」は歌舞伎舞踊の演目「相生獅子《あいおいじし》」にかけたもので、挿絵でも獅子頭がどくろに、衣装が白装束になっている。

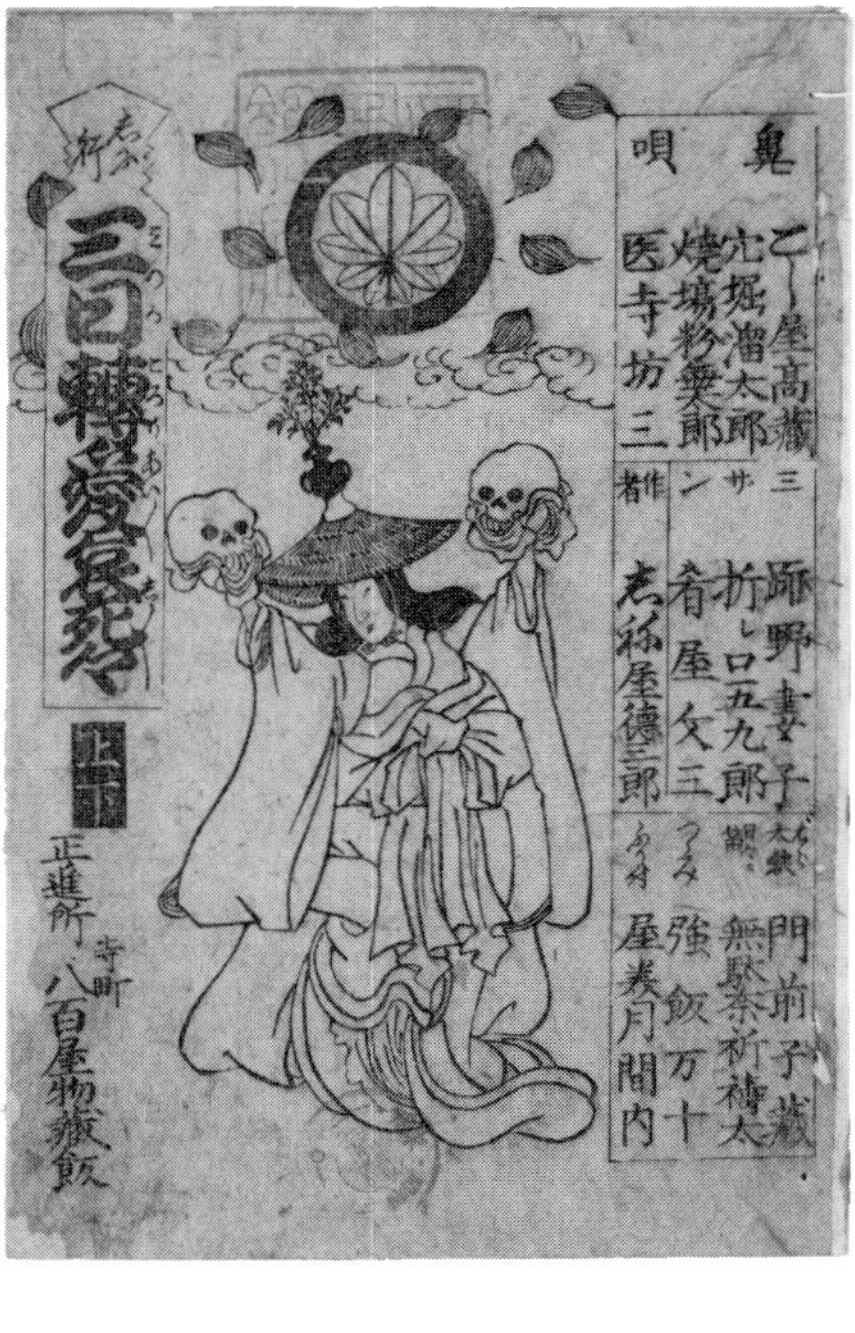

オオカミの護符《おおかみのごふ》

海外からもたらされたコロリ（コレラ）を退治してくれるのは、日本列島で最も強いオオカミ（おいぬ様）だとみなされ、秩父の三峯神社（右）、武州の武蔵御嶽神社（左）の眷属に対する信仰が広まった。下のお札は現在のもので、疫病除け以外の祈願（火盗除等）にも広く用いられている。

た。そして狼を祭神の眷属に祀る三峯神社に着目したのは、自然の成り行きだったと指摘する。高橋はまた、コレラの猛威を憑《つ》きものの仕業と考えるようになり、狐憑きの迷信がよみがえり、「コレラ変じて狐狼狸なり」という流言も広まっていったという。

仮名垣魯文《かながきろぶん》（金屯道人）編『安政箇労痢《ころり》流行記』に掲載された「荼毘室《やきば》混雑の図」（66頁）には、安政五年（一八五八年）のコレラ大流行で亡くなる人が続出し、江戸の火葬場は大混乱となったようすが鮮やかに記録されている。

通神鳥

つかみどり

江戸時代　―35×46cm―

コレラの大流行で得た儲けの「つかみ取り」を空想上の怪鳥で表した絵で、頭は火葬場の人、胸は僧侶、尻尾は薬屋になっている。添え書きには「鳥の嘴《くちばし》は八牙《やいば》（焼場とかける）するどく、胸は仏法僧に似て首に毛があり、八宗九宗を丸のみにする。腹の下に毛がなく、白むくむくと肥えているのは、湯《ゆ》灌場買《かんばがい》という薬をつけて〝毛毛《もうけ》〟がたくさんになったからだ」と記されている。

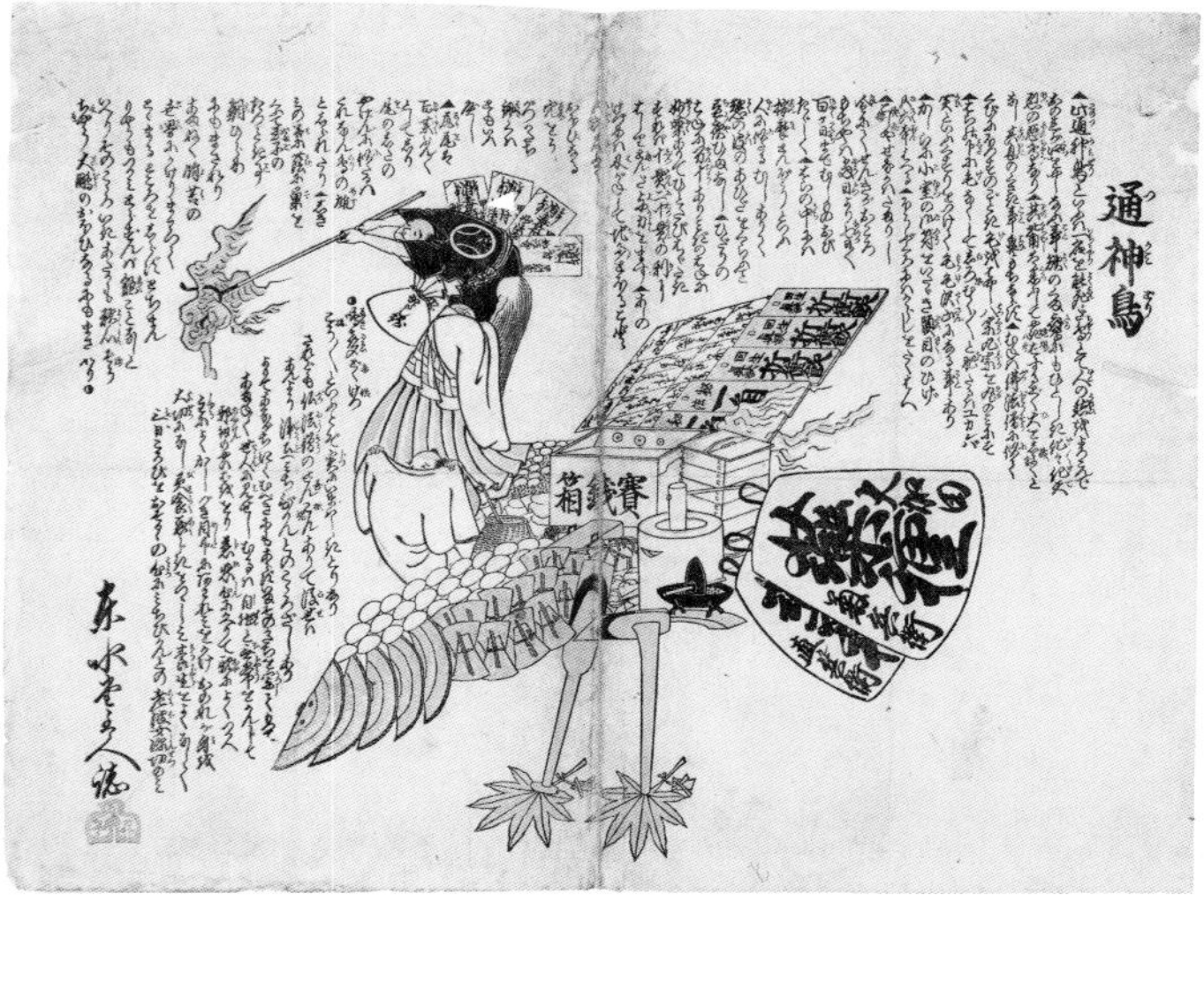

【疱瘡絵】

痘瘡《とうそう》・麻疹《はしか》・水痘《みずいも》

五雲亭貞秀　画　江戸時代後期　―36×25cm―

江戸時代に人生の「お役三病」とされ、一生に一度しか罹らないこの三つを無事に終えることが願いだった天然痘と麻疹と水疱瘡。この三つの病気に罹ったときの過ごし方として怒りや悲しみなど感情の起伏を抑え、草双紙などを読んで気を紛らわし、退屈しないようにと書かれている。

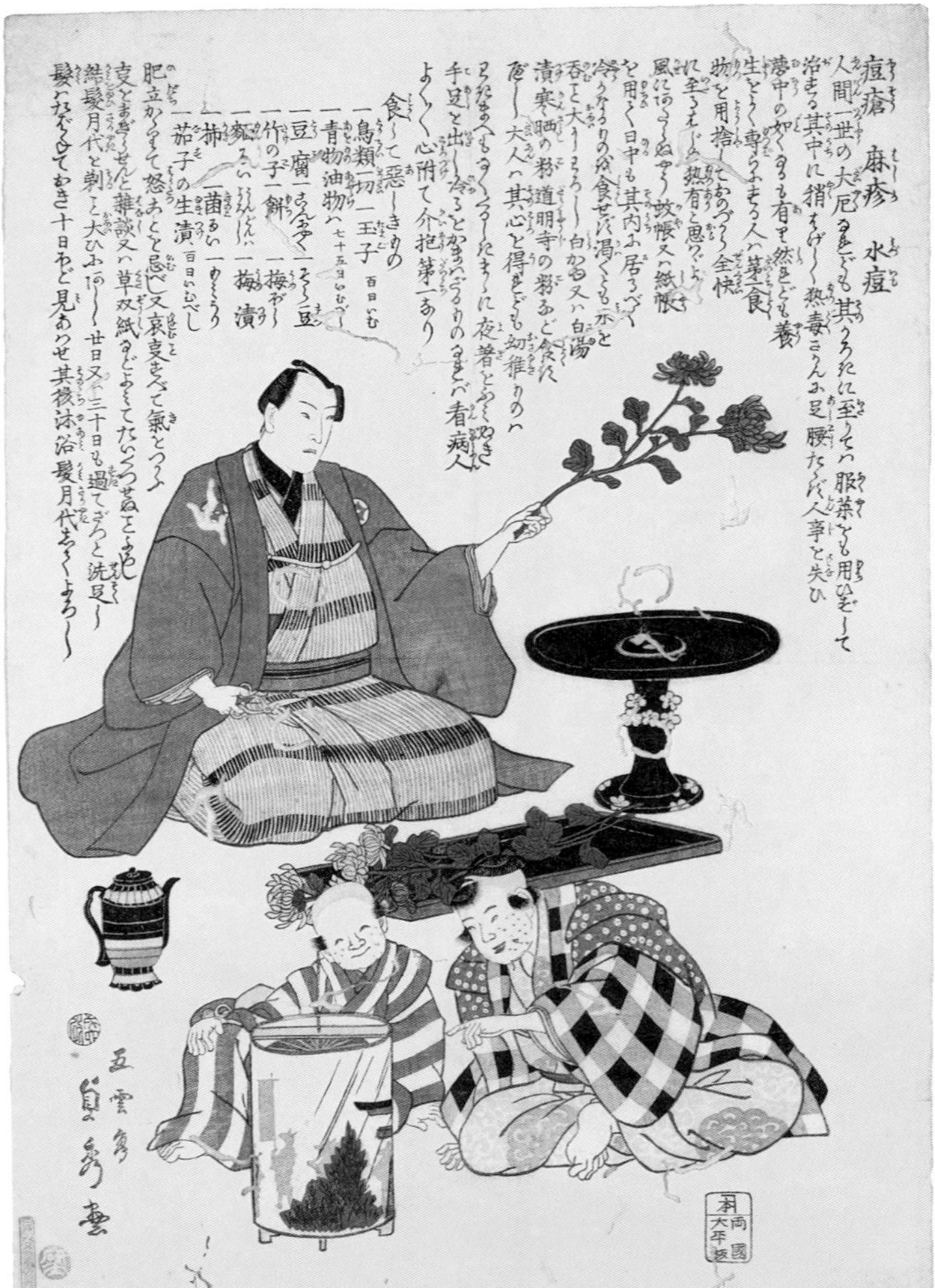

豆州八丈島鎮守 正一位八郎大明神正像

ずしゅうはちじょうじまちんじゅ しょういいちいはちろうだいみょうじん しょうぞう

江戸時代 ―45×33cm―

疱瘡神として祀られた鎮西八郎為朝の持つ呪力の起源について、源為朝が十年あまり八丈島で大王と崇《あが》められ、あらゆる厄神を退治したことから、それ以後、島の人びとは病に罹らなかったと説かれている。

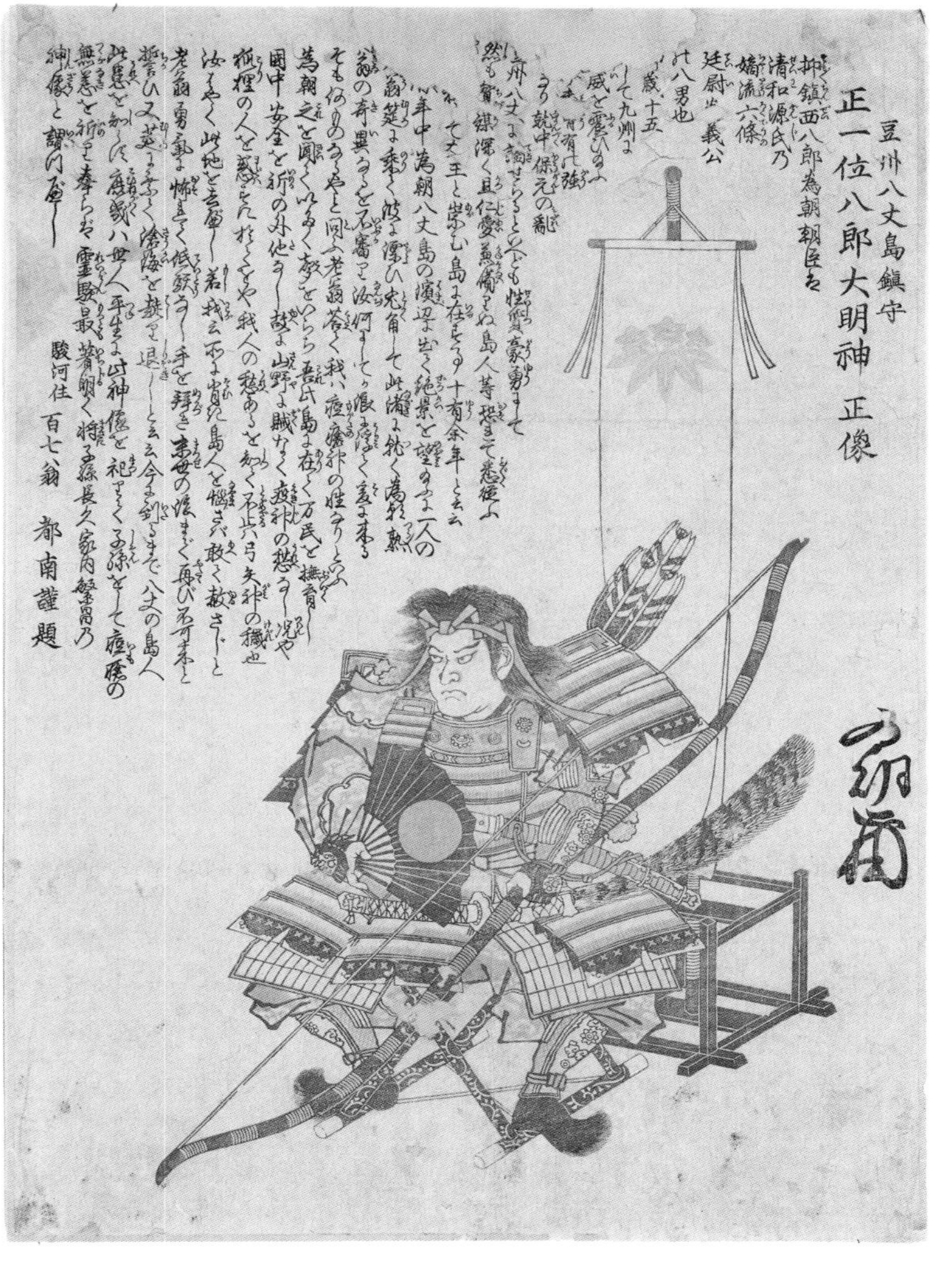

疱瘡神

為朝と疱瘡神《ためともとほうそうしん》

「鎮西八郎為朝　疱瘡神」
一勇斎国芳 画
天保14年～弘化4年
（1843～47年）
―32×42cm―

疱瘡をもたらす疱瘡神である老人と子どもが、「もう悪さはしない」という約束の手形を為朝に渡しているところを描く。後ろには疱瘡除けのだるまやミミズクが控えている。

中村芝翫九変化ノ内《なかむらしかんきゅうへんげのうち》（鍾馗と青鬼《しょうきとあおおに》）

五渡亭国貞 画　文化12年～天保13年（1815～42年）｜41×29cm｜

二代目中村芝翫扮する鍾馗が疱瘡の青鬼を退治している絵に、「下戸《げこ》はかり　鍾馗にみえて花踊り（酒を飲めない人ばかりが、酔って赤くなって踊る姿が鍾馗に見える、の意か）」と書き添えてある。

みみずく

歌川国芳　画　江戸時代後期
｜25.8×18.6cm｜

疱瘡除けの玩具を描いた赤絵。見開いたみみずくの目は疱瘡の高熱による失明除けのまじない、ウサギの耳のような羽角《うかく》は、飛び跳ねるウサギのように病児が元気に回復しますようにという願いだと考えられる。

桃太郎とだるま

ももたろうとだるま

―35×23cm―

縁起物の桃にちなみ昔話の英雄・桃太郎が描かれている。だるまのほうは「起き上がり」を意味し、病気の回復を願ったものである。

疱瘡退除の図

ほうそうたいじのず

春暁 画
明治25年（1892年）―36×24cm―

ある老人が所蔵していた古図で、疱瘡除けのまじないの一つとされる。疱瘡流行の際、悪痘退治になるであろうと、版元の求めに応じて思い出して描いたものだといい、鬼のようにも見える武将から、疱瘡神が慌てて逃げていくようすがうかがえる。

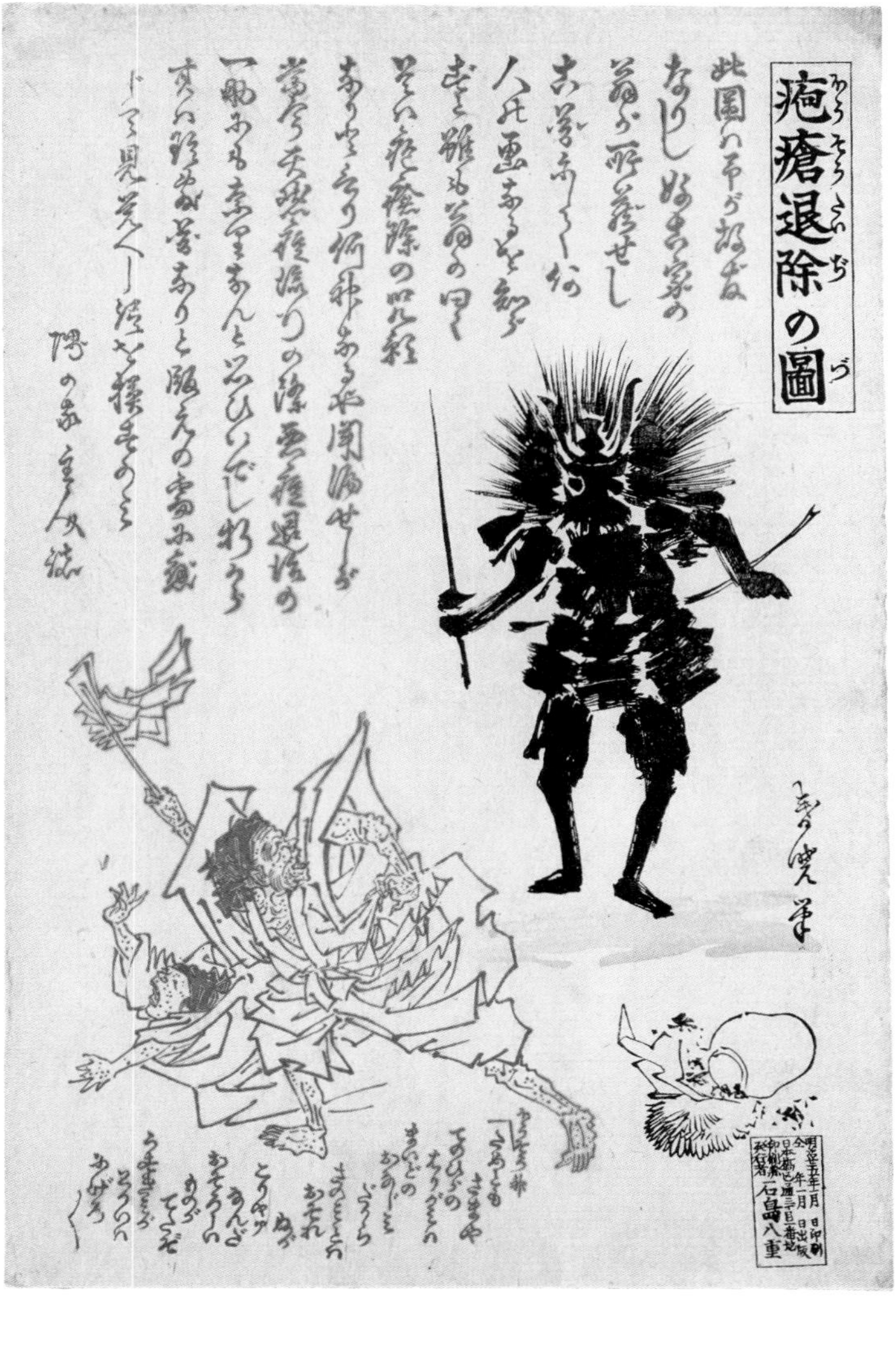

【はしか絵】

麻疹能毒合戦図

はしかのうどくかっせんず

一光斎芳盛 戯画
安政6年（1859年）
―36×73cm―

麻疹やコレラ、熱病などになった際に、食べてよいものと悪いものが加勢して、戦っているようすが描かれている。「あきもも毒成」、「酒呑七十五《さけのみしちじゅうご》郎《ろう》」、「蒲焼毒成《かばやきどくなり》」、「水飴大吉」、「あわび大吉郎」など兵士の名前もおかしく、熱を下げるといわれる「ふきの根薬」が大将として登場している。

むぎどのは生れぬ先にはしかしてかせての後はわが子なりけり

むぎどのはうまれぬさきにはしかしてかせてののちはわがこなりけり

芳幾 戯画
文久2年（1862年）
—37×25cm—

「房楊枝」、「まじない飼馬桶」、「そうりゅう丸右エ門」が、麻疹を懲らしめているようすが描かれ、麻疹が流行したときには、タラヨウの葉にまじないの歌を書いて川へ流すとよく、またこの葉のないときは、絵を切り抜いて流せばよいと記している。

麦殿大明神

むぎどのだいみょうじん

歌川芳盛 画
文久2年（1862年）
｜35.6×24.5cm｜

タラヨウの葉を手に持ち、烏犀角《うさいかく》の鎧《よろい》をつけた麦殿大明神が、麻疹の鬼を踏みつけている姿を人びとが拝んでいるようすを描くことで、護符としての効力を持たせたと考えられる。烏犀角は、インドサイまたはスマトラサイの鼻角で、漢方で麻疹や疱瘡の良薬とされていた。

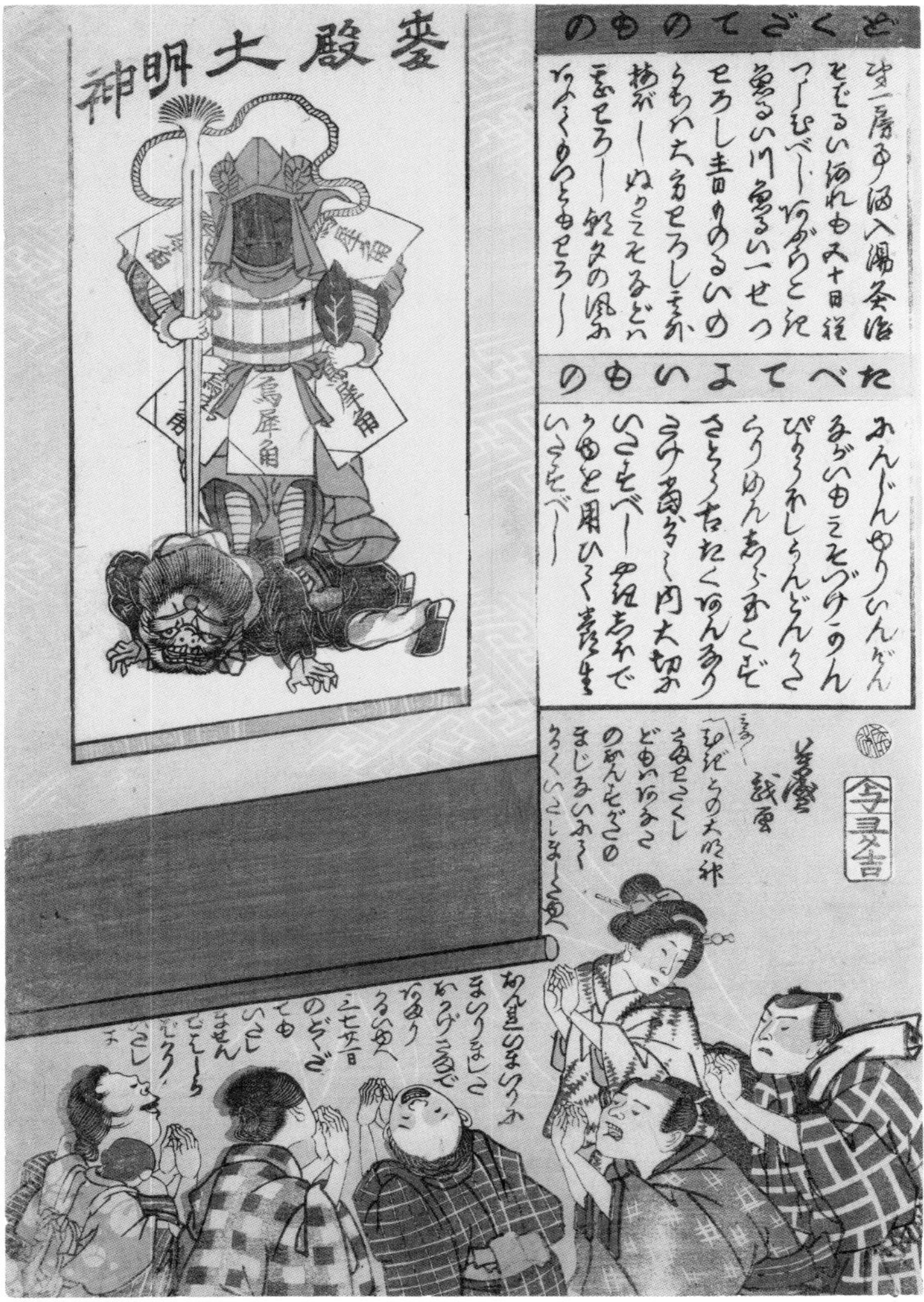

麻疹元服図《はしかほんぷくず》

一鶯斎 画　｜36×50cm｜

病気が全快する（「元服（本復）」）ことを願った絵で、女性は麻疹除けのまじないに使われるタラヨウの葉を手渡されている。また麦殿の麻疹退散の効験を示す、「麦殿は 生まれながらに 麻疹して かせたる後は 我が身なりけり」という歌が記されている。

はしかのまもり

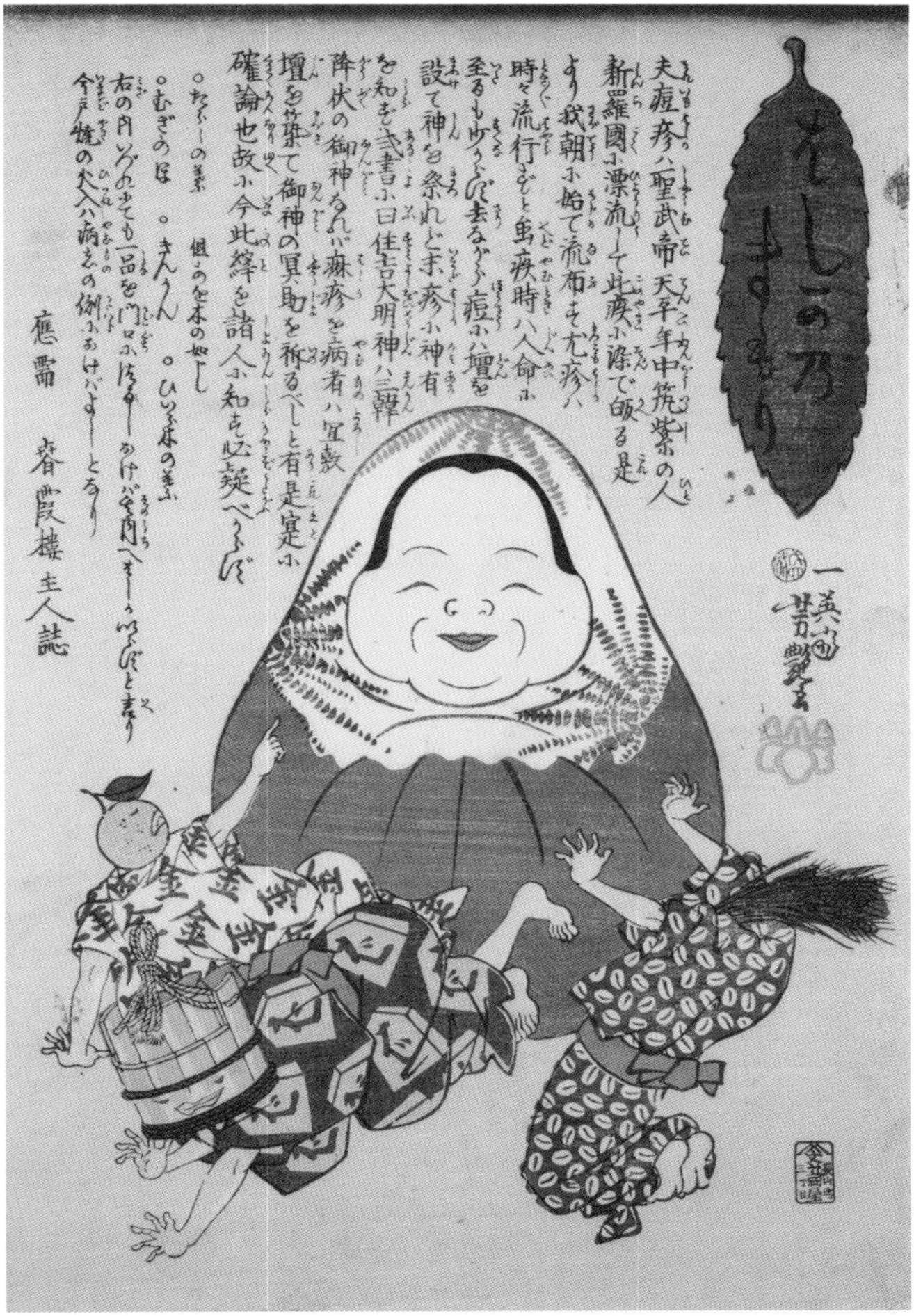

｜36×25cm｜

歌川芳艶 画　文久2年（1862年）

タラヨウの葉、麦の穂、金柑、柊の葉のどれかを門口に吊るしておけば、麻疹が家に入ってこないまじないを表す。中央に描かれているのは、病人のそばに置くとよいといわれた今戸焼のおかめの火入れ。

麻疹軽くする法《はしかかるくするほう》

歌川房種 戯画 文久2年（1862年）4月

節分の夜、門に刺した柊の葉を煎じて、麻疹にまだ罹っていない子どもに飲ませると、軽くて災いがないとし、また、タラヨウの葉にまじないの歌を書いて川に流すと、麻疹に罹っても軽く済み、余病もないと説かれている。

―36×50cm―

毒だて
竹の子 きの子
そらまめ
梅つけ
芳種 戯画
馬喰四 本屋板

麻疹心得之図画《はしかこころえのずが》

房種　戯画　文久2年（1862年）　—38×26cm—

麻疹に罹ると寒気と頭痛がしてのどが渇き、三日目に発疹、四、五日は食事が摂れなくなるといった症状の変化とともに、快方に向かうときは、養生が最も大切であると説かれている。

麻疹禁忌荒増

はしかきんもつあらまし

歌川芳虎　画　文久2年（1862年）

―26×50cm―

これまでに麻疹が流行してきた歴史や年数、経緯などについて詳しく記される。また麻疹によいとされる食べもの、悪いとされているものなど養生の大切さを述べ、余病を引き出さないように心掛けるようにと説く。

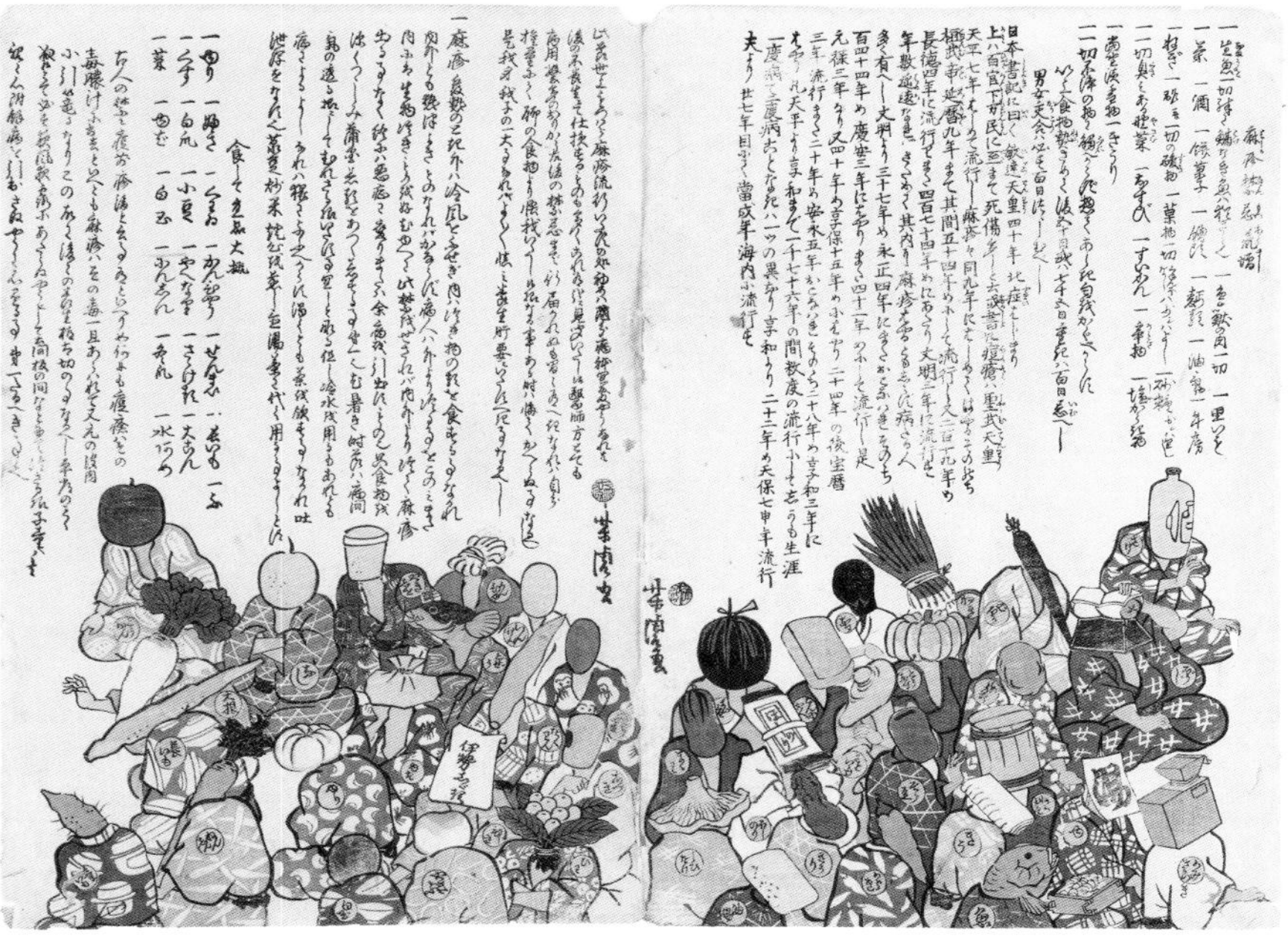

麻疹禁忌

はしかのいましめ

歌川芳藤 画
文久2年（1862年）
―36×24cm―

医療の神として信仰された「神農《しんのう》」の掛け軸にお供えをし、祈願するようすを描く。左上には、疱瘡や麻疹除けに効験がある鍾馗の絵も掲げられる。また風と寒さを防ぎ、暑いときには蒸れないようにし、冷たい、辛い、塩辛い食べものなどは、五〇日は避けるべきだという禁忌を記す。

麻疹送出しの図

はしかおくりだしのず

歌川芳藤 画

文久2年（1863年）

―40×25cm―

顔や手足に斑点をつけた大きな童子として麻疹神を描く。大きな桟俵に乗った童子は、水飴や汁粉といった麻疹のときに食べるとよいとされた食物によって、竹の棒で担がれている。御幣を立て、鏡餅を供えるなど、江戸の神送りのようすがよくわかる。

麻疹養生之伝

はしかようじょうのでん

歌川芳虎 画
文久2年（1862年）
―37×26cm―

麻疹の流行年数を、慶安三年（一六五〇年）秋から文久二年（一八六二年）夏まで挙げ、「水のむな 身の養生を専一に 風で冷えるな 白かゆをくえ」という歌が記されている。

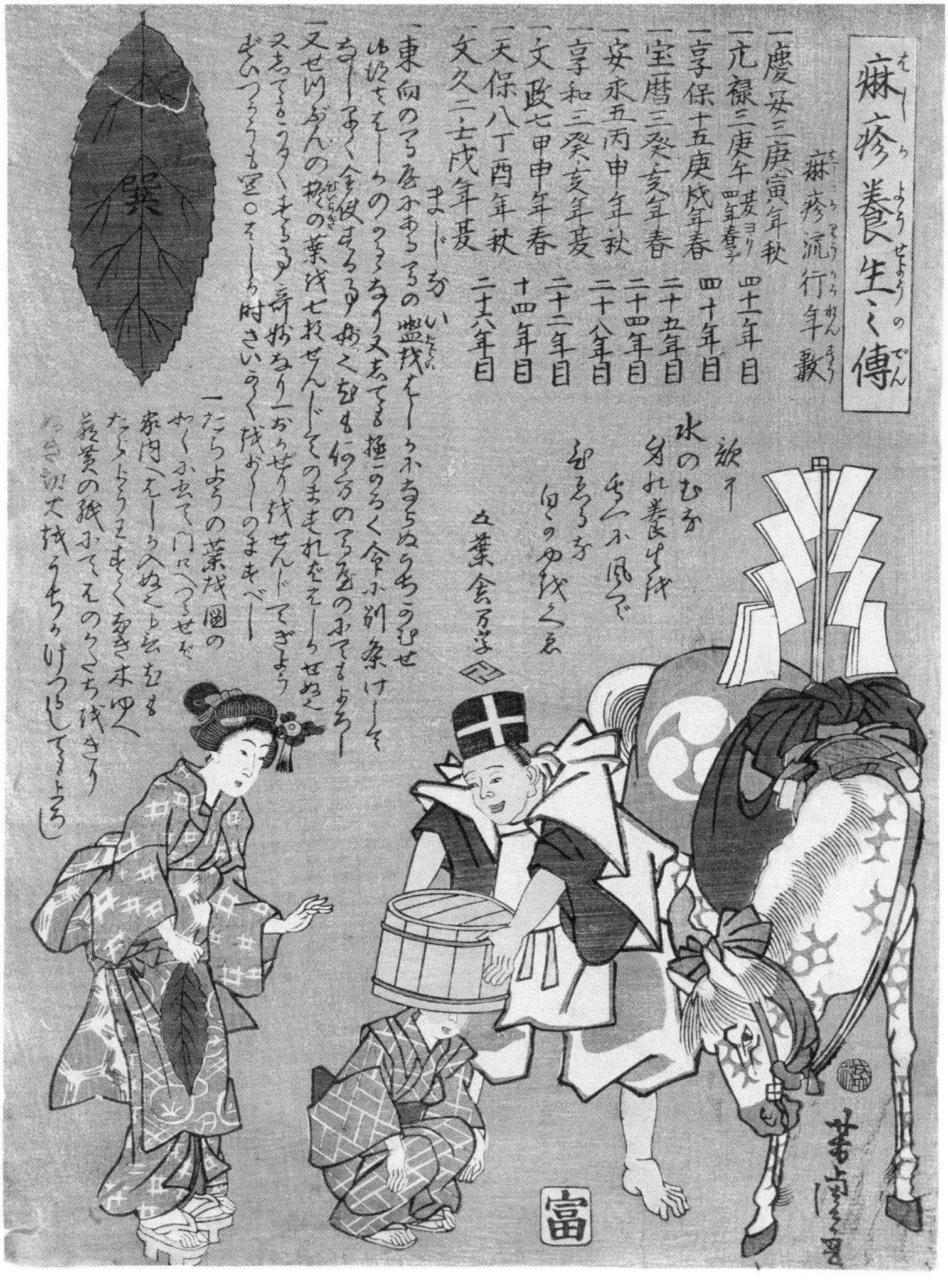

流行麻疹けん

りゅうこうはしかけん

歌川芳艶 画
文久2年（1862年）
―38×27cm―

「拳《けん》」は二人、あるいは三人が向かい合い、掛け声をかけながら手や指の動作で勝負を争う遊びで、中国から長崎に伝わり、全国に広がったといわれる。この絵に描かれているのは麻疹の流行拳で「小児は軽く、大人は重く峠は八日で、お稲荷さんの御利益で快復しましょう」と歌っている。

麻疹後の養生《はしかのちのようじょう》

歌川芳虎 画　文久2年（1862年）
―31×43cm―

鬼の顔をしたコレラ、麻疹、赤痢の疫病神が、鍾馗や金太郎に退治されているようすを描く。コレラのまじないとして「米八匁、黒豆十八粒を粥に入れて食べると、家に入らない」ということが書かれている。

【コレラ絵】

疫癘神《えきれいしん》加藤清正の手形《かとうきよまさのてがた》

安政5年（1858年）｜37×26cm｜

安政のコレラの際に流行した、恐ろしい虎を退治した伝説を持つ加藤清正の手形。この絵を門柱に貼っておくと、悪疫に罹るのを防ぎ、疫病におかされても死を免れるといわれた。

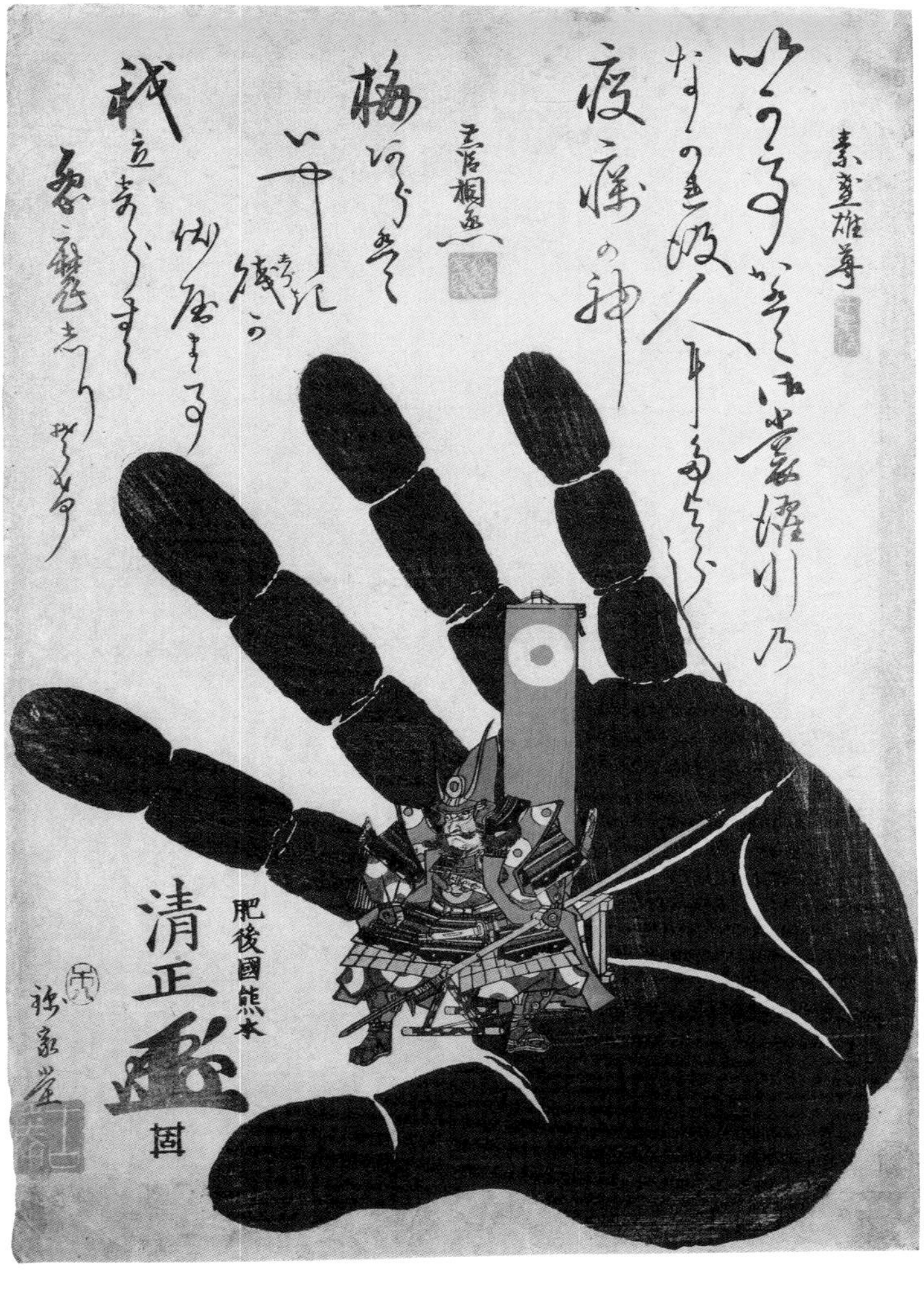

茶毘室混雑の図

やきばこんざつのず

仮名垣魯文 編　安政5年（1858年）

戯作者の仮名垣魯文（金屯道人）が編んだ『安政箇労痢《ころり》流行記』（天壽堂刊）の口絵で、コレラが大流行して亡くなる人が続出し、江戸の火葬場が大混乱したようすが描かれている。

—36×50cm—

厄はらひ

やくはらい

野咲急 画
安政5年（1858年）
—35×24cm—

厄祓い師が八手《やつで》のうちわで、厄病を祓うことをすすめている。絵の上部には、コレラの大流行による「忙しい人」と「ひまな人」が記され、忙しい人には火葬三味《さんまい》場《ば》、早桶屋職人など、ひまな人には水道の水汲み、鰯売り、下し薬の看板、夜蕎麦商人などが挙げられている。

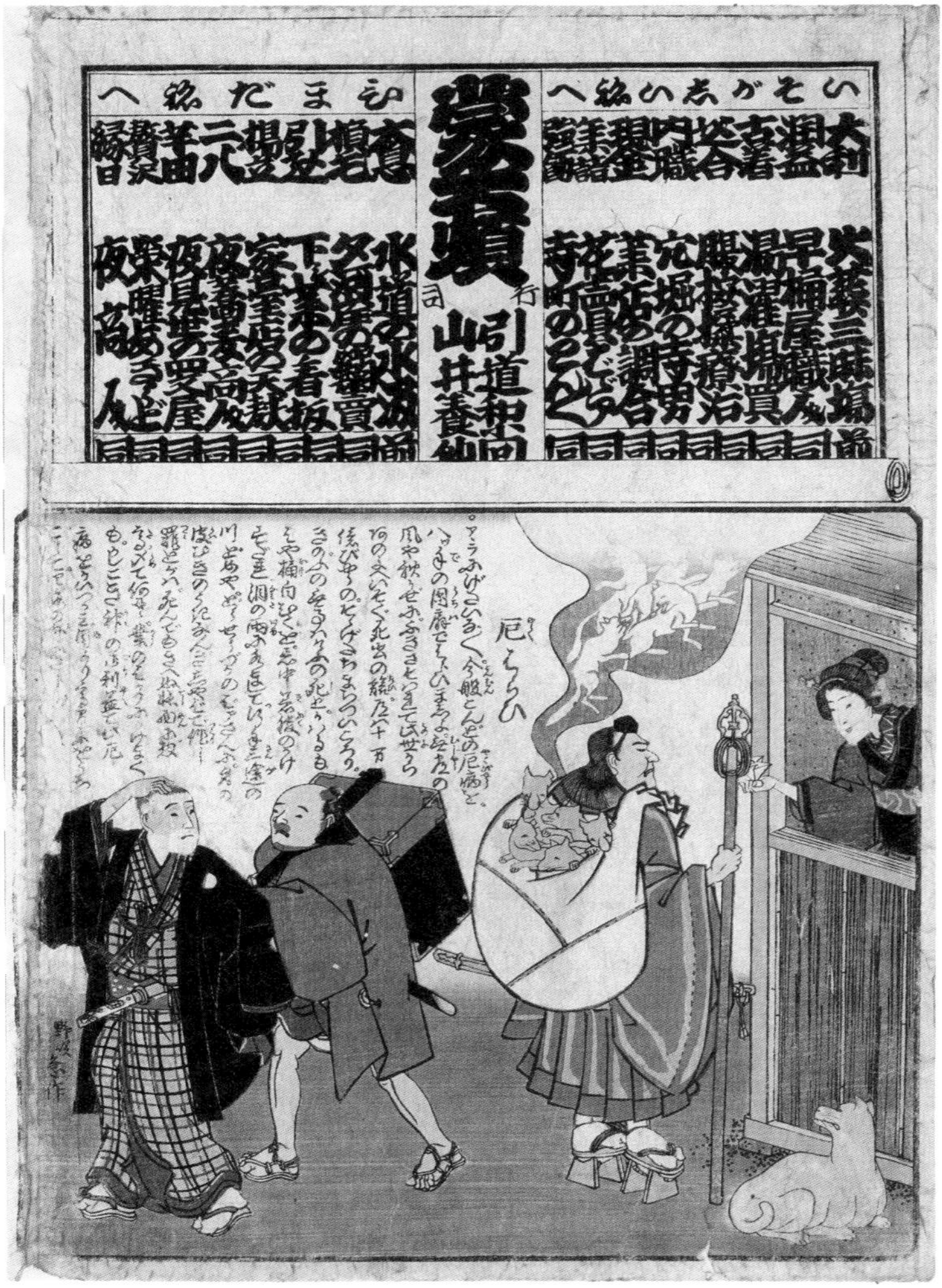

えきれいよけ

三浦太郎左衛門
安政5年（1858年）
―36×25cm―

疫癘除けの神として祀られた大井大明神・少彦名命《すくなひこのみこと》の姿を描き、「千はやふる御もすそ川（五十鈴川）のなかれ汲《くむ》 人にはよるな えきれいの神」という歌が詠まれている。

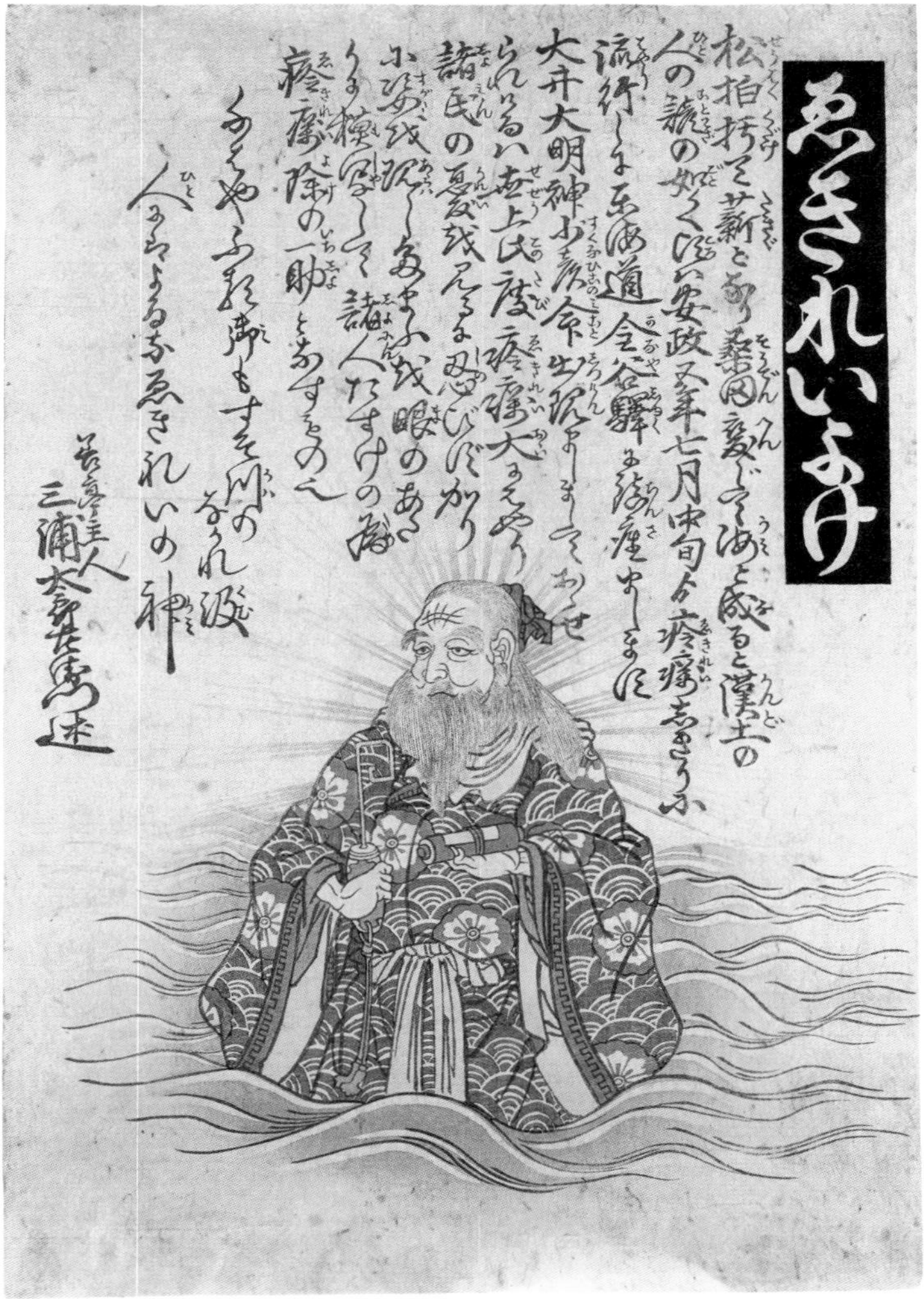

由縁の友 戌の見舞い

ゆかりのとも いぬのみまい

歌川芳盛 画
文久二年（1862年）
―35×24cm―

コレラが大流行した文久二年が戌《いぬ》年だったことから、十二支の動物たちが、麻疹に罹り臥《ふ》せっている犬の見舞いに訪れ、口上を述べている。

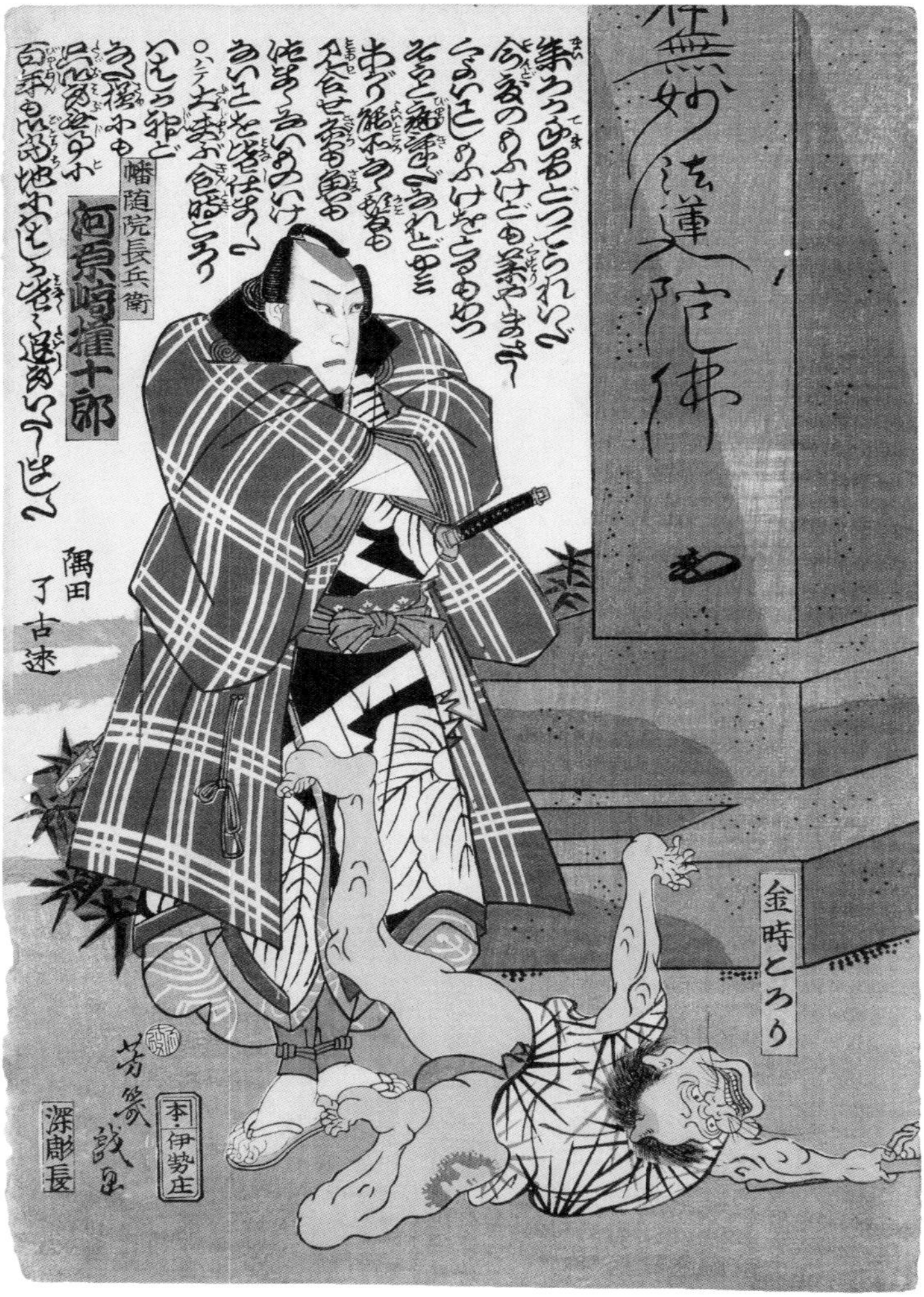

幡随院長兵衛《ばんずいいんちょうべえ》　金時ころり《きんときころり》

了古 述・芳幾 画　文久二年（1862年）｜38×26cm｜

歌舞伎役者・河原崎権十郎扮する幡随院長兵衛が金時金兵衛を懲らしめているようすを描く。

二章 近世のまじない絵

須佐之男命厄神退治之図（推定復元図）

すさのおのみことやくじんたいじのず

葛飾北斎 画　｜126×276cm｜

葛飾北斎が八六歳のときに描いた肉筆絵馬で、江戸向島の牛嶋神社に奉納されたもの。須佐之男命とその従者の前に一五柱の厄神がひざまずき、二度と悪さをしないように証文を書かされているようすが描かれている。関東大震災で焼失後、当時の白黒写真をもとに平成二八年（二〇一六年）に復元された。

column 02

・疫病除けの郷土玩具

赤い色に託して、子どもが疫病に感染するのを避けようとした庶民の願い。会津地方の「赤べこ」をはじめとする郷土玩具、社寺が授けるお守りや護符など、可愛さと切実さがこめられたさまざまな「まじない」の造形。

さまざまな「赤もの」

紙や木、竹や土などを使って作られた郷土玩具や神社仏閣の授与品やお守りのなかには、子どもの疫病除けを目的としたものが少なくない。

埼玉県鴻巣《こうのす》に伝承される「鴻巣の赤物《あかもの》」は、特産の桐《きり》簞笥《たんす》や家具を作ったあとに出るおがくずと正麩糊《しょうふのり》（小麦粉澱粉）を練り固め、赤く色づけした玩具で、子どもの疫病除けに人気が高かった。

かつては「熊金」（熊乗り金太郎）や「鯉金」（鯉抱き金太郎）など金太郎を題材にしたものなど数百種類が作られたといい、鮮やかな赤色と奇抜な造形が愛好されて、中山道などを通じ関東を中心とした各地に流通していった。

会津地方の郷土玩具「赤べこ」は、赤い牛の形をした張子人形で、体にある斑点は痘瘡を表しているともいわれる。

その由来には諸説あり、江戸時代の正徳三年（一七一三年）に会津地方に天然痘が蔓延《まんえん》した際、子どもが罹らないようにと、赤べこに黒い斑点を入れて祈願したところ効験があったという。また、江戸時代の初め、慶長一六年（一六一一年）の会津地震で壊れた円蔵寺（福島県河沼郡柳津町）虚空蔵堂の再建にあたり、赤い牛が資材を崖の上に運び上げたという伝説もある。赤べこの頭は胴体内に差し込まれる部分と振り子状になっていて、顔の部分に軽く触れると上下左右に揺れ動き、ユーモラスな動作を見せる工夫がされている。

滋賀県の瀬田、草津、守山から近江八幡に至る地域に

疱瘡除けの玩具〈昭和時代〉

疱瘡神は赤色を嫌うと信じられており、「赤べこ」や「鯛車」、「熊金」や「鯛金」など疱瘡除けの玩具も赤く塗られた。

は、子どもが生まれたとき、疱瘡除けのまじないとして張子製の玩具を贈る風習があった。男の子には「猩々《しょうじょう》」と「小法師《こぼし》」、女の子には「ピンピン鯛」を贈り、元禄時代の頃には地元の農家の副業として作られていたようである。

猩々と小法師（だるま）は一対で、大津市の四宮祭り（現在の大津祭）の山車人形の猩々を模したものともいわれる。赤衣に、群青と赤の略線を描いた白袴《しろばかま》をつけた猩々が、酒甕《さかがめ》の上に立っている姿で、これに回復を願う、「起き上がり」の意味を込めただるまを添えて、出産があった家に疱瘡除けのまじないとして贈られた。贈られた家では、かまどのかたわらに桟俵を据え、赤い色紙を二枚重ねて敷いて人形を飾り、小豆飯と酒を供える。そして夜には、二枚の赤紙を布団に見立て、そのあいだに猩々を寝かせ、夜明けとともに起こす。これを七日七夜続けると、疱瘡が猩々に移ったものとして、四つ辻や小川に流して

江州《ごうしゅう》草津張子 猩々〈川崎巨泉 画・昭和時代〉

滋賀県湖南地方に伝わる草津張子と呼ばれる郷土玩具のひとつで、子どもの疱瘡除けを願う厄除け人形として作られたもの。この絵を描いた川崎巨泉（1877-1942）は、人魚洞とも号した郷土玩具研究の草分けで、その庶民美を高く評価して多くの写生画を残した。

厄払いし、これを「猩々返し」といった。このような風習は現在は続いておらず、郷土玩具としての人形だけが残されているのである。

子どもの疱瘡除けのためには、張子の「みみずく」や「鯛車」なども枕元に飾られた。

張子のお守りは、桟俵の上に祀られ、幣《へい》帛《はく》を立てたり赤飯を供えたりして祈り、半月も経つと疱瘡は峠を過ぎたものとして、供えた赤飯から三粒取って紙に包み、三つ辻の角へ持っていって捨ててくる。この赤飯を母親が持ち帰り、疱瘡が終わっていない子どもに食べさせると疱瘡が軽く済ませることができると信じられた。赤絵にもよく描かれたみみずくの玩具は、丸くて大きな目をしていることから、疱瘡による失明の危険から守ってくれるお守りだった。

疱瘡除けのみみずく

手前は川越張子・疱瘡除けのみみずく（江戸の疱瘡除けみみずくを再現）、奥は『江都二色《えどにしき》』（安永2年・1773年刊）に描かれた疱瘡除けのみみずく。

黄色い疫病除け

「赤もの」ほど多くの種類ではないが、黄色をした疫病除けの授与品や郷土玩具もあり、大阪の少彦名《すくなひこな》神社では、黄色い「神農《しんのう》の虎」を授けてきた。

神農は、中国古代神話上の帝王で三皇の一人、人身牛首の炎帝《えんてい》のことで、人民に農耕を教えたことからこのように呼ばれた。中国では農業、医薬、音楽、占筮《せんぜい》、経済の祖神とされ、日本でも漢方医や薬種商によって祀られた。神農の祭日には、無病息災を祈ってゆず湯に入り、カボチャを食べるなどの習俗がある冬至の日があてられ、神農を祀る神社での祭事のほか、漢方医の家でも親戚や友人を集め、赤豆餅、赤豆飯や酒肴を整え、賀宴を催した。

薬種問屋が立ち並ぶ大阪の道修町《どしょうまち》にあり、「神農さん」の名で尊崇される少彦名神社は、日本の医薬神である少彦名命と中国の薬祖神

大阪神農張子虎〈川崎巨泉 画・昭和時代〉

大阪・少彦名神社の「神農の虎」。安政のコロナ大流行にちなむものだが、現在は五葉笹に張子の虎と御札をつけて、家内安全無病息災のお守りとして授与している。

である神農を祭神に祀っている。十一月二十二から二十三日に催される神農祭は、文政五年（一八二二年）のコレラ大流行のときから盛大におこなわれるようになったという。それ以来この祭りでは、疫病除けの張子の虎を授けるようになった。

栃木県宇都宮の郷土玩具に「黄鮒《きぶな》」がある。この張子に対する信心は昔、痘瘡が流行ったときに、ある人が病人の懇願に従い釣ってきた黄鮒を与えたところ、たちまち快方に向かい病魔が退散した。そこから、黄鮒の張子を門口に吊るして、疱瘡除けを願うようになったことに由来するといわれている。

その他の疱瘡除け玩具

福岡県甘木《あまぎ》にある安長寺《あんちょうじ》の「バタバタ市」は、疱瘡除けと子育て祈願の祭りとして、また物々交換の市として古い歴史があり、「豆太鼓バタバタ」が寺の境内で販売

黄鮒

江戸時代からの縁起物として宇都宮に伝わる郷土玩具。「昔、天然痘が流行ったときに、黄色いフナが市中心部の田川で釣れ、病人がその身を食べたところ治癒した」という伝説がある。

される。

この豆太鼓は、産室に置くと胎児の発育がよく、生まれる子どもの目鼻立ちから四肢に至るまで均整が取れるといわれ、また床の間に飾ると、その家に幸運が訪れるともいわれている。

真竹を割って柄を作り、竹ひごを丸く曲げ、秋月《あきづき》和紙を二重に貼り、紙太鼓の形にしたもので、さらに左右に大豆を吊り下げる。柄を両手に挟んで回すと、大豆が鼓面を打って、「バタバタ」と軽い音がするので「バタバタ」と呼ばれ、古謡にも「バタバタと豆で音する福の神」とうたわれる。太鼓の表には安長寺の本尊である矢田延命地蔵尊の申し子とされる童子の顔が淡彩色で描かれている。

牛の郷土玩具のなかには、会津の赤べこのほかにも疱瘡除けに効果があるとして求められるものが各地に見られた。

和歌山市の旧・瓦町（現在の田中町）が瓦職人の町として栄えていた頃、職人の内職と

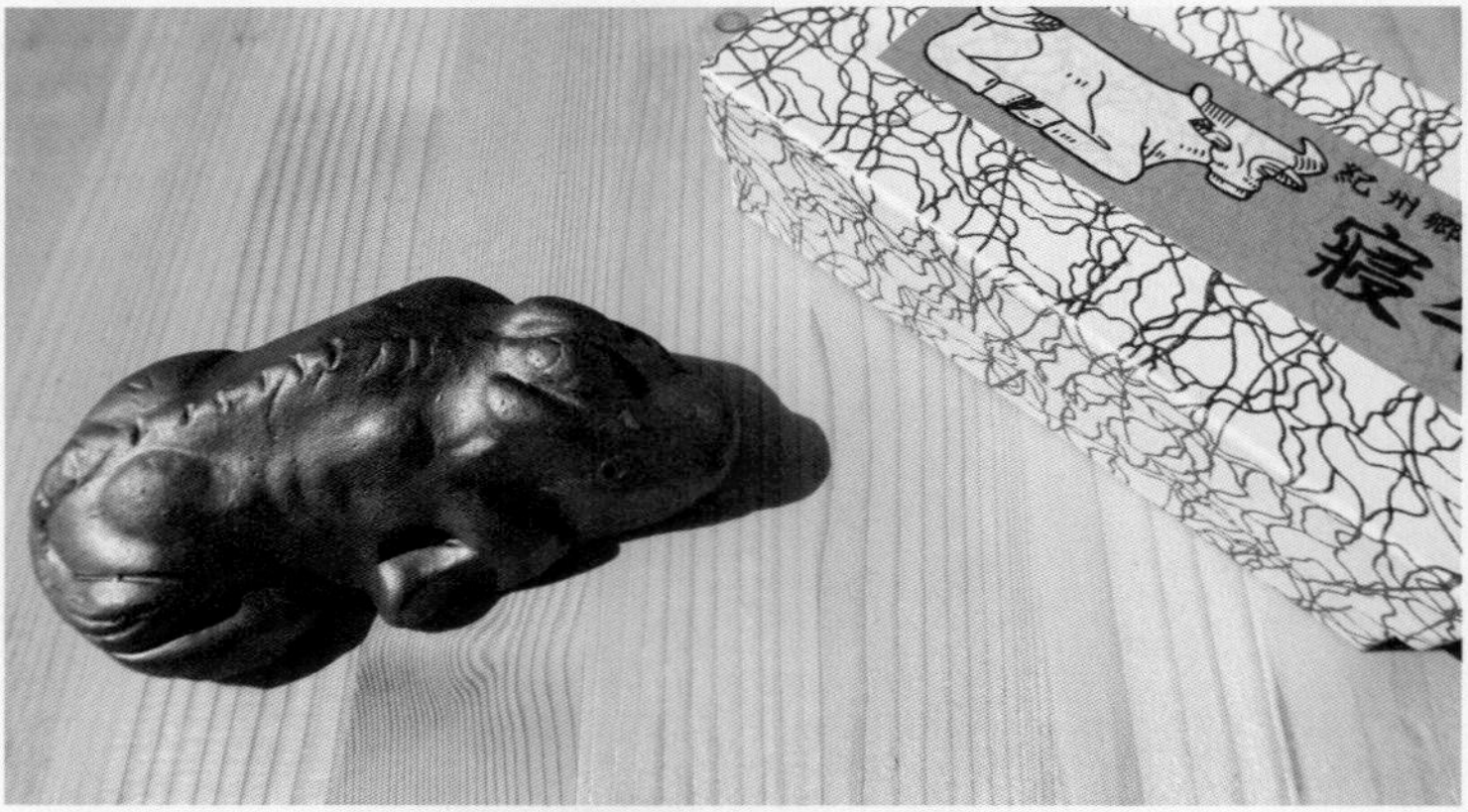

寝牛

和歌山の郷土玩具で、瓦職人の内職として始められたと伝わるもの。牛が草を食うことから、かつては神社に奉納し、子どもの「クサ」（皮膚病）を食わせて治そうというまじないに用いられていた。

して「瓦猿」や「寝牛」が作られ始めた。このうち寝牛のほうは、和歌山市秋月の日前《ひのくま》神宮の摂社深草神社が授与していたもので、現在は同市津秦《つわだ》の津秦《つはだ》天満宮に信仰の場が移っている。

牛が草を食《は》むことから、瘡（くさ。かさ、とも。腫れ物など皮膚の病気の総称）を食べさせて病気平癒を祈願するもので、かつては同社の床下に、奉納された寝牛が山のように積まれていたという。

第三章
予言する妖怪たち

「アマビエ」と「アマビコ」

日本の妖怪には、近い将来に起こる出来事を予言し、その予言を人びとに伝える妖怪の一群、専門家のあいだで「予言獣」と呼ばれるものたちがいる。

予言獣の存在を記録した資料の多くは、口伝えをもとにした文章とその絵姿が記され、疫病が流行し多くの人が死ぬという予言とともに、災厄を免れるための手段を教える。また災厄を免れるには、予言獣の絵姿を写したり、絵姿を家に貼ったり、その話を広めるといった方法が人語によって伝えられる。

こうした予言獣のなかで、コロナ禍の令和二年（二〇二〇年）に知名度を上げたのが、江戸時代の後期、肥後国（現在の熊本県）の海中から現れた「アマビエ」である。アマビエは、「当年より六か年のあいだ諸国は豊作である。しかし、病が流行するので早々に私を写し人びとに見せるように」と言って、海中へ戻った。鳥のようなくちばし、足まで伸びた長い髪、鱗《うろこ》様のものを体にまとい、先が割れた三本足で波の上に立つ。その姿は異様だが、二一世紀の疫災において、「かわいい」などと言ってもてはやされたのである。

アマビエと姿形は異なるが、海中から出現して将来の吉凶を伝えるという共通点があり、また名前がよく似た予言獣に「アマビコ」がいる。江戸時代後期から明治中期にかけての資料や新聞記事などで確認され、「尼彦」「海彦」「あま彦」などいくつもの表記がある。海から現れ三本足である

アマビエの図
「肥後国海中の怪」より

あまびえのず

弘化3年（1846年）

—約23×28.8cm—

90頁参照

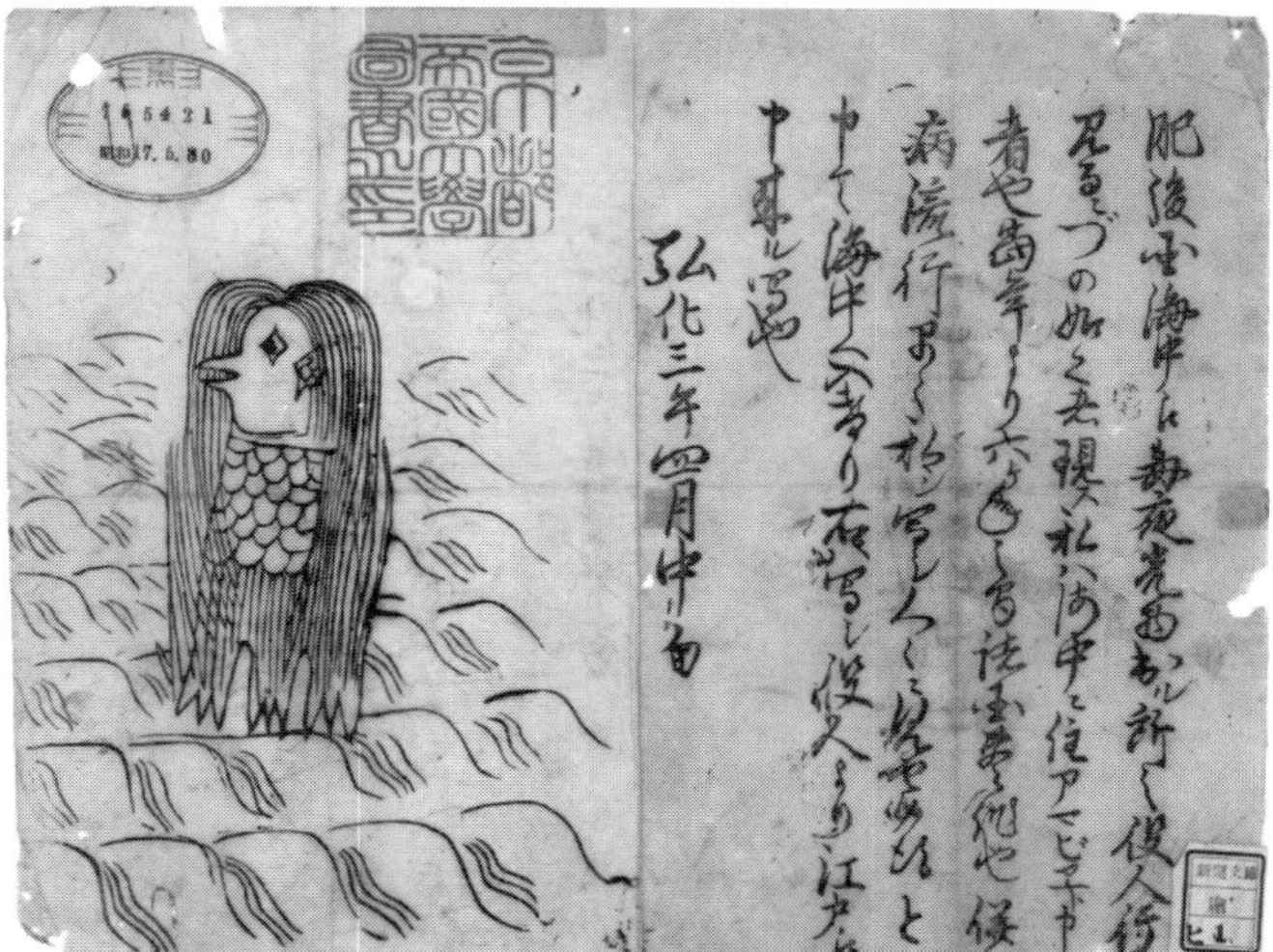

点はアマビエと同じだが、体毛を生やしたものが多く、猿の声を発したという事例も見られる（91頁）。

肥後国（熊本県）真字郡に夜な夜な光り物が出て、猿の声で人を呼ぶので柴田五郎左衛門というものが見届けると、「我は海中に住む尼彦と申すものである。当年から六年間は豊作になるが、諸国で病人が多く、人間の六分どおりが死ぬ。私の姿を書いて貼っておけば病気にあたらない。このことを諸国へふれておくように」と言って姿を消した。

この尼彦は海中から出現したというが、魚に似た要素はなく、猿の顔で体毛に覆われ、胸のあたりから三本足が生えている。このほかにもアマビコの一群は、人間の顔に鳥のような体をしたものなどさまざまな姿で伝承されている。なお、アマビエについても、弘化三年（一八四六年）の瓦版記事以外に確認できないことから、アマビコの誤記ではないかという説がある。

予言する〝人魚〟の一群

文政二年（一八一九年）の四月、肥前国（現在の佐賀県・長崎県）に出現した「神社姫」は、絵姿を伴う形で予言や除災の方法が瓦版などに載り、その絵姿を見たり、写したりすれば災難を除けられるという性格を持つ予言獣の最初期の例だとされる。

顔は長い髪の女性で、体は長い魚のような神社姫は、「向こう七年のあいだは豊作だが、その後にコロリ（コレラ）が流行する。しかし私の写し絵を見ると難を逃れ、長寿を得るだろう」と語り

姫魚図

「肥前国平戸において姫魚竜宮より御使なり」より

ひめうおず

文政2年（1819年）｜27.5×38cm｜

93頁参照

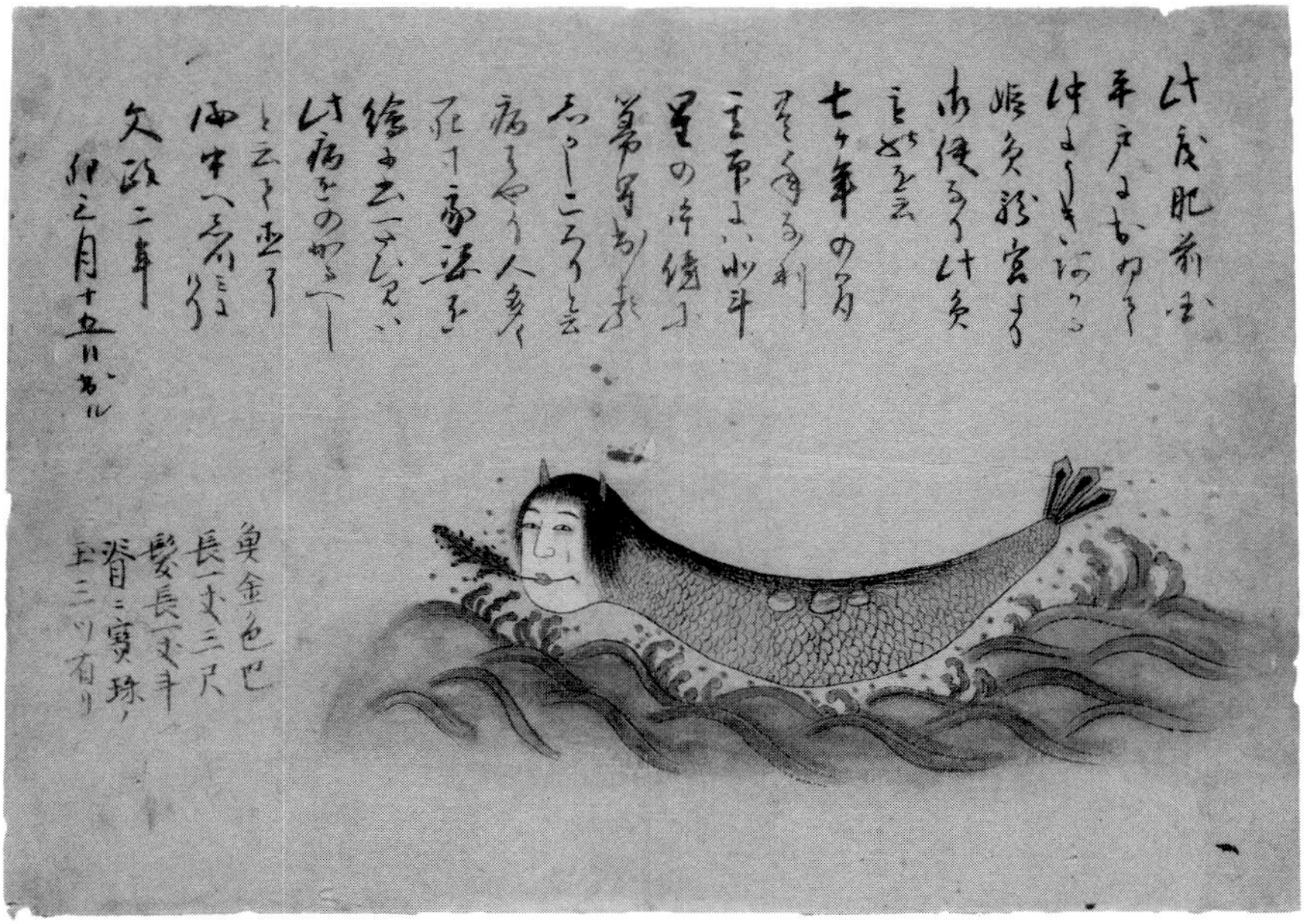

伝えた。また斎藤月岑《げっしん》の『武江《ぶこう》年表』には、同じ文政二年の夏にコロリという痢病（赤痢）が流行った際、死亡するものが多く、これを避けるためのお守りとして、「探幽が戯画、百鬼夜行の内、ぬれ女の図を写し、神社姫と号して流布せしを尊ぶものもありしなり」と記されている。

神社姫の〝仲間〟というべき予言する人面魚はほかにもいて、それらのなかに竜のような体に三つの玉をつけ、二本の角が頭に生えた「姫魚」（85、92－93頁）がいた。

この時代には人面魚の出現例が少なくなく、「怪魚」「悪魚」（87頁）など、とくに豊作や疫病を予言しないものたちもいた。一方で、人面魚よりも人間の女性に近く、貝と一体化したものや、雲状のものに座ったものなども出現している。

乳房をあらわにし、巻貝から半身を出した予言獣が登場する「海出人之図《うみでびとのず》」（94頁）には、次のような添え書きがある。越後国福島潟（現在の新潟市北区）で毎夜のように光るものがあり、女の声で人を呼ぶので柴田旦という浪人が見届けると、そのものは「海出人」を名乗り、五年間の豊作と風病（風邪）の流行を予言した。そして、「病を逃れるには自分の姿を写して家に貼り朝夕眺めるように」と言って姿を消したという。

「海出人之図」と同じ時期に出現したとされ、雲状のものに乗った女性の姿を描く「越後の光り物」（95頁）は、嘉永年間（一八四八～五四年）に約三〇年の時を隔てて出回ったようで、幕末の風聞や世情を書き記した『藤岡屋日記』に「右絵図を六月頃、専《もっぱ》ら町中を売歩行《うりあるく》也」と記されている。

このように予言獣の場合、疫病に効験があるとされた絵姿が、何年か後にまた持ち出されるという事例もあった。

悪魚図

「幻獣尽くし絵巻」より

あくぎょず

文化2年（1805年）｜26.4×435.5cm｜

頭に二本の角を持つ女の顔に魚体が結びついている。長さ三丈五尺六寸（約一一メートル）、鱗の色は金銀で角は一尺（約三〇センチ）で、火焔を吐いて海を渡ったとされるが、豊作や疫病の予言はしていない。

「件」と「白澤」

人の顔、牛の体で疫病や戦争を予言する妖獣「件《くだん》」は、予言獣のなかでもとくによく知られたものである。天保《てんぽう》の大飢饉（一八三三〜三七年頃）の際には丹波国の山中に現れ、「件の絵を貼れば、家内繁盛して厄病を免れる」と瓦版に報じられた。予言を伝えるために牛から産まれ、予言を言い終えると死んでしまうといい、その出生についてはとくに触れられることがないほかの予言獣との大きな違いである。成獣として描かれた「件獣之写真」は、文政年間（一八一八〜三一年）に出現して吉凶を告げたあと三日で死に、多くの人が件の絵を求めたという逸話が説明されている。なお、件は近代に入ってからもたびたび出現し、第二次世界大戦中には、戦争や空襲を予言したという噂が流れた。

病魔退散の方法を中国医学の祖・黄帝《こうてい》に伝授したとされる「白澤《はくたく》」は、大陸由来だが、疫病除けの効験を信じられた予言獣である。牛のような体、人の顔に羊のようなあご髭《ひげ》、目は九つ、角が六本の姿で、中国では「白澤図」が山で修行する仙人修験者のあいだに広く伝わった。日本ではその図や像が、病気や災難除けのお守りとして身近に置かれ、安政五年（一八五八年）からコレラが大流行した際にも、人びとは白澤の絵を枕元や身につけて病気平癒を祈願したといわれている。

件《くだん》

天保7年（1836年）

—24.5×33cm—

「くだん」としての最古の例で、瓦版に「天保七年の十二月丹後国・倉橋山で人面牛身の怪物『件』が現れた」と記される。この瓦版には、「宝永二年（一七〇五年）十二月にも件が現れ、その後豊作が続いた。そこでこの件の絵を貼っておけば、家内繁昌し疫病から逃れ、一切の災いを逃れて大豊年となる。じつにめでたい獣である」とある。

白澤之図《はくたくのず》

大正時代

—18×11cm—

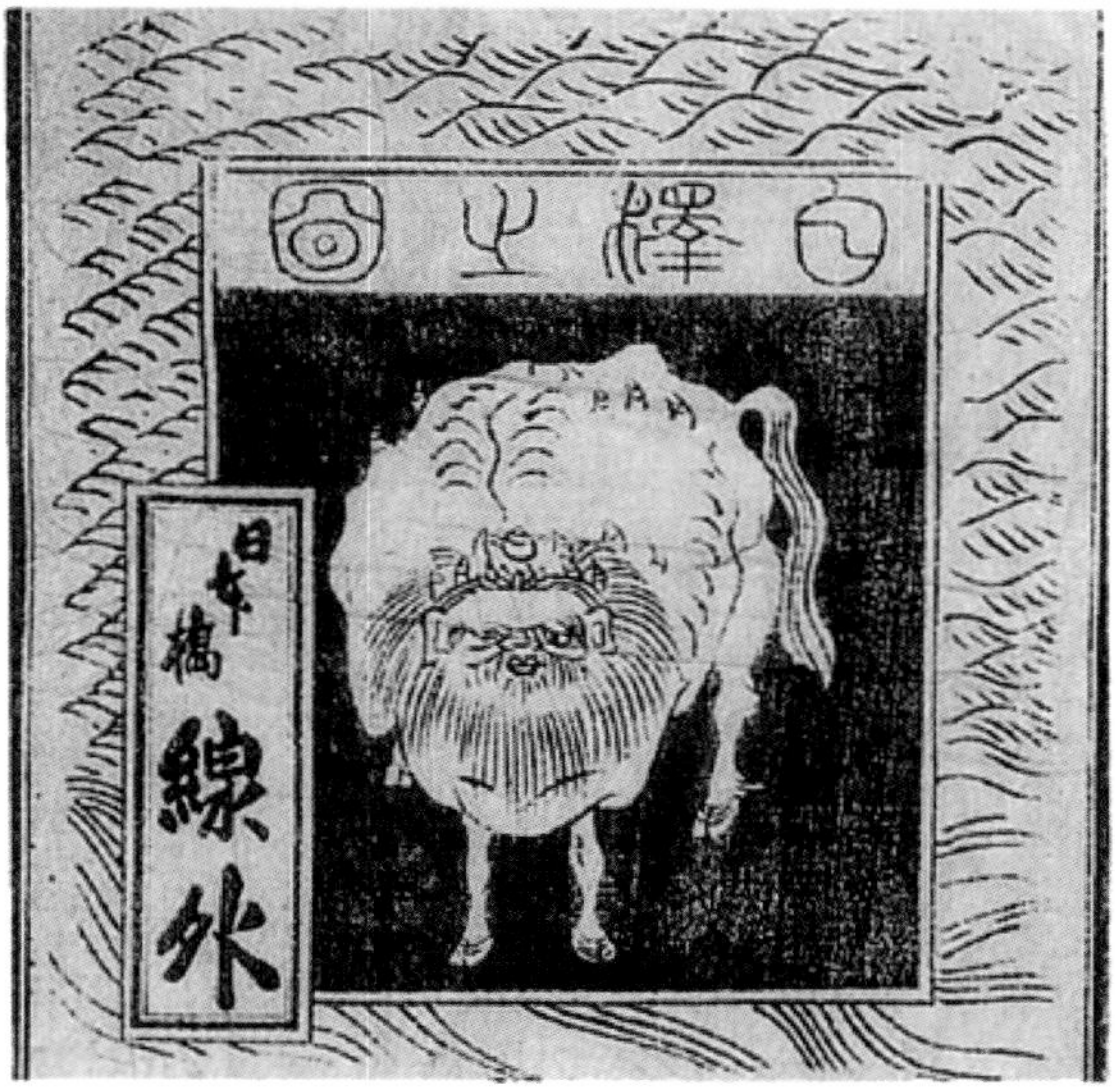

六本の角と九つの目を持ち、人語を解するという中国の想像上の神獣。麒麟《きりん》や鳳凰《ほうおう》と同じように徳のある治政者のときに出現し、病魔を防ぐ力があると信じられた。こうしたことから、白澤の絵を持っていると道中の災難や病気を免れるとされ、旅のお守りや、コレラが流行した際には絵が売り出され、人びとが身につけた。

アマビエの図「肥後国海中の怪」より

あまびえのず

弘化3年（1846年）部分

江戸時代後期、肥後国（現在の熊本県）に現れたとされ、六年間の豊作と同時に疫病が流行することを予言し、自分の姿を描き写した絵を人びとに見せるように告げたという。そのようすは江戸まで伝えられ、長い髪にくちばし、体に鱗、足先は三つに分かれた姿が瓦版に描かれた。

尼彦
「猿のかたちの光物（熊本）」より

●あまびこ

江戸時代　｜36.5×24.5cm｜

アマビエとよく似た名前の妖怪に「アマビコ」がいる。この尼彦はアマビエと同じ三本足だが、猿のような顔で、全身に毛を生やしている。海中から出現したにもかかわらず、猿のような姿なのは、神社姫や姫魚などの伝聞と複合したせいだとも考えられている。

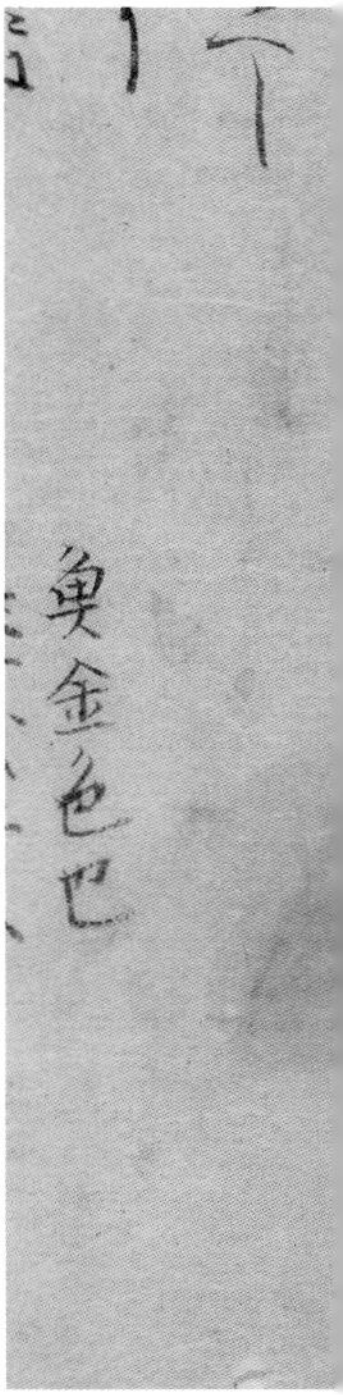

姫魚図

「肥前国平戸において姫魚竜宮より御使なり」より

ひめうおず

文政2年（1819年） 部分

文政二年（一八一九年）頃、肥前国平戸に現れた「姫魚」は、龍宮よりの使いであり、背には三つの宝珠があり、口には赤い実をつけた小枝をくわえている。七か年の豊作と「ころり」の流行を予言し、難を逃れるには自分の姿を描いて見るとよいと言って海中に沈んだという。

錦絵　海出人之図（越後国福島潟）

うみでびとのず

江戸時代　｜36.5×25.4cm｜

越後国福島潟（新潟市北区）に出現した予言獣を描いた錦絵。女性の顔で、巻貝から姿を現したかのような海出人を、松明《たいまつ》を掲げた武士が威嚇する。添え書きには、「夜ごとに光り物が出て、女の声で人を呼ぶものが現れた。当年より五年間は豊作だが、悪い風邪のため多くの人が死ぬ。難を逃れるには、我が姿を朝夕見るべし」とある。

越後の光り物「光物 刷物」より

えちごのひかりもの

江戸時代 ｜25×37cm｜

越後国福島潟に現れた予言獣で、添え書きの内容は「海出人之図」とほとんど同じだが、こちらのほうは手足があり、海出人よりも人間に近い。この摺物《すりもの》は嘉永年間（一八四八～五四年）に改めて出回り、疫病の心配される時季にこうした絵図を売り歩くものがいたようである。

ヨゲンノトリ

「市川村暴瀉病流行日記」より

よげんのとり

安政5年（1858年）｜24.5×17cm｜

甲州市川村（現在の山梨市）の名主が日記に描いた、頭二つの奇妙な鳥。この鳥は加賀国白山に現れ、「八月、九月頃に世の人の九割が死ぬ難がある。我らの姿を朝夕に仰いで信心するものは、必ずその難を逃れるであろう」と告げた。そこから現在では「ヨゲンノトリ」という呼び方がされている。

件獣之写真

くだんじゅうのしゃしん

歌川芳盛 画
慶応3年（1867年）
—36.7×24cm—

「雲州（島根県）に件が産まれて、『今年は稀《まれ》に見る豊作になるが、悪病が流行する』と予言して三日で死んだという話を聞いた。そこで災難除けのため、『文政年間に出現して年中の吉凶を予言し、自分の姿を家のなかに貼っておくと厄難病難を避けると言って三日で死んだ』という件の図を作った」という説明が記されている。

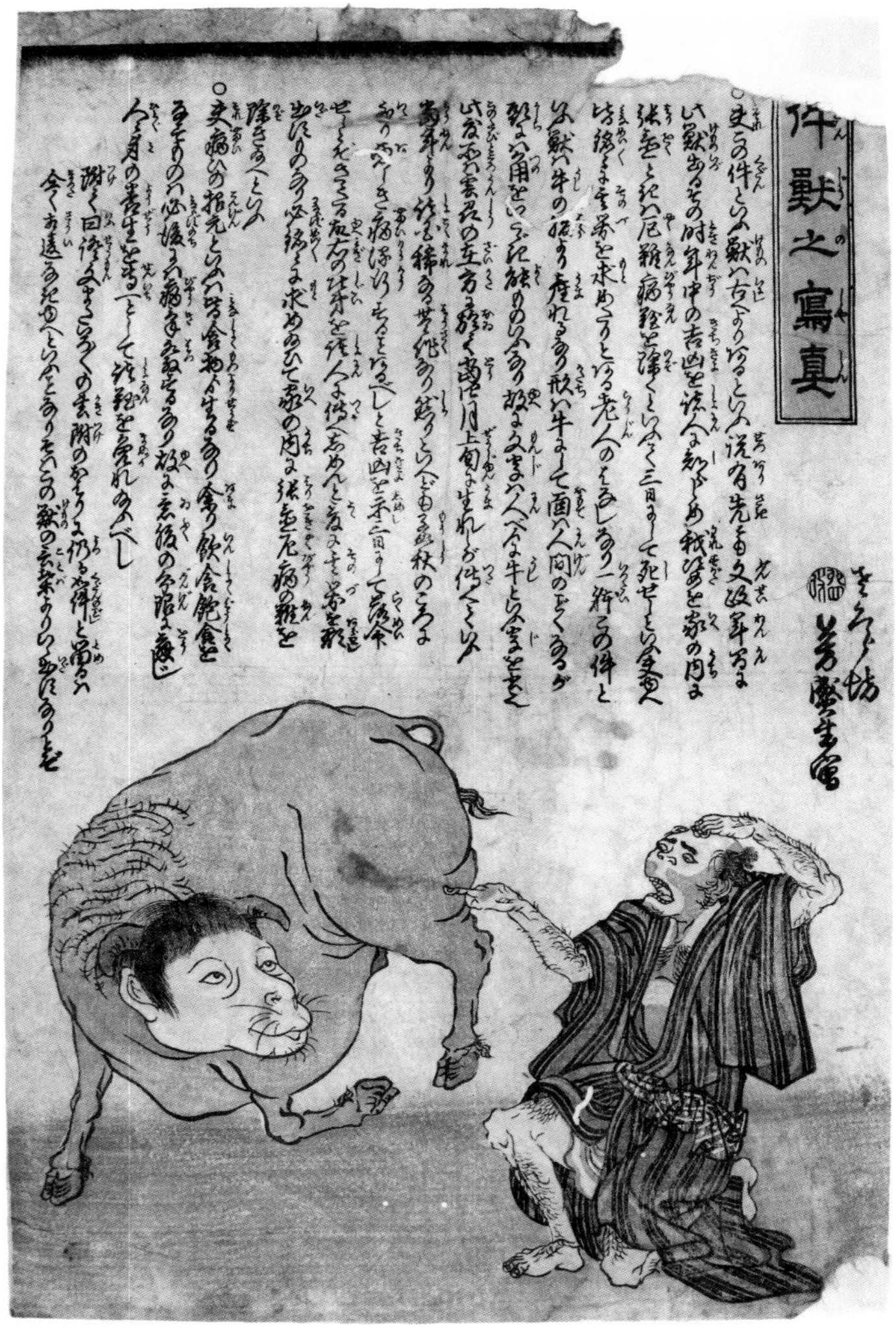

column 03

・疫神を祀る風習

疫病をもたらす目には見えない神様の機嫌を取るため、人びとは祭りをしたり、神社を建てたりしてきた。たびたび襲ってくる感染症への恐怖が生み出した、地方色豊かな芸能や珍しい社殿を紹介する。

鹿児島県の疱瘡踊り

疫病を除けるためのまじないは、家屋への侵入を防ぐという家庭的なものに始まり、共同体を守る祭りへと進化して「疱瘡《ほうそう》祭」がおこなわれるようになった。

疱瘡祭では庭に四本柱を立て、幔幕《まんまく》をめぐらし、大臼を据え、数十人の男女がはやしながら餅をつき、赤色の御幣《ごへい》で飾った神棚に供えた。疱瘡祭に供える疱瘡餅を惜しんで減らしたり、餅つきのとき、賑やかに騒がなかったりすると病人は死亡するなどともいわれた。

鹿児島県の各地には「疱瘡踊り」と呼ばれる芸能・習俗が伝わる。

鹿児島市花尾町の「岩戸《いわと》疱瘡踊り」は、昔、疱瘡が蔓《まん》延《えん》したことがあり、その予防と早い治癒を願って踊られるようになったという。天然痘が絶滅したことで、踊りも一時期途絶えていたが、終戦後に復活し、今では地域の行事や花尾神社の大祭、地区の文化祭などで踊られている。踊り子の服装は豆絞りの手拭に、赤の長襦袢《ながじゅばん》、浴衣（昔は絣《かすり》）に白足袋を履く。

薩摩川内《せんだい》市《し》入来《いりき》町《ちょう》の「入来疱瘡踊り」は、紫の頭巾に黒紋付着物の女性たちが踊るもので、伊勢の皇太神宮の神を現す大きな幣を担いだものが先導し、何列かの縦隊で正面を向いて踊られる。「めでたい、めでたい」などという掛け声が特徴で、疫病神を打ち払うのではなく、歓待して、満足して去ってもらう意味があるという。現在は祝賀行事などの際に披露しているといい、令和二年（二〇二〇年）四月、およそ一〇〇年ぶりに疫病退散を祈って奉納された。

入来町の疱瘡踊り〈薩摩川内市入来町浦之名《うらのみょう》〉

入来町麓《ふもと》に伝えられたもので、記録によると、寛政２年（1790年）、文化11年（1814年）など疱瘡踊りを踊った日が、明治19年（1886年）まで７回記されている。疱瘡が流行した際に、不定期に踊られてきたが、種痘の普及によって疱瘡から解放されたため、それ以後は何かの祝いのときに踊られている。

疱瘡神を祀る疱瘡神社

また各地に疱瘡神を祀《まつ》る「疱瘡神社」が建てられた。江戸時代の江戸では、疱瘡神を祀る神社は雑司が谷の「鷺《さぎ》大明神」をはじめ二五社、秩父地方には一〇社を数えたという。

豊島区雑司が谷、鬼子母神堂《きしもじんどう》近くの大鳥神社の前身である鷺大明神は、『江戸名所図会』（江戸時代後期）に、「鷺大明神祠　堂前左の方にあり。祭る神詳《つまび》らかならず。あるいはいふ、出雲国神戸郡鷺村の鷺浦に鎮坐したまふ、素盞嗚尊《すさのおのみこと》の妾女皐諦女なりといふ。この神は疱瘡の守護神にして、正徳の頃松平羽州侯、神告によってこれを勧《かん》請《じょう》す。疱瘡寄願の輩《ともがら》、広前の小石を拾ひ得て守護とす」とある。

「出雲国神戸郡鷺村の鷺浦」、「素盞嗚尊の妾女皐諦女」というのは、出雲大社の摂社伊奈西波岐《いなせはぎ》神社（鷺大明神）にあたると思われ、伊奈西波岐神社の祭神稲背脛《いなせはぎ》命は、古くから疱瘡安全の神とされていたといい、松江藩主が勧請した経緯が想像される。明治の神仏分離で、鬼子母神堂は法明寺《ほうみょうじ》の飛地境内の堂宇となり、境内にあった鷺明神が大鳥神社と改称された。

疱瘡は新羅からきた病であるとして三韓降伏の守り神である住吉大明神を疱瘡神として祀ったり、鎮西八郎為《ちんぜいはちろうため》朝《とも》や少彦名命《すくなひこのみこと》を祭神にすることもあった。

神奈川県三浦半島にある海南神社（三浦市三崎）の境内社の疱瘡神社は、源為朝を祀り、伊豆諸島に疱瘡をもたらさなかった為朝の魂が、三島に降り立ったのが始まりだと伝えられている。広島県南区の疱瘡神社は、平清盛の側室常盤御前《ときわごぜん》の娘で疱瘡で亡くなった天女姫が埋葬された地に建てられたという。

山梨県上野原市塚場の疱瘡神社は、越前湯尾《ゆのお》峠（現在の福井県南越前町）から諸国を巡っていた高齢の女性が塚場地区で倒れ、痘瘡《とうそう》の残る顔で「疱瘡神を祀れば、必ず疫病から逃れられる」と言い残して亡くなり、「疱瘡婆さん」と呼ばれるようになった。塚場の人びとは湯尾峠まで行き、疱瘡神の分霊を迎えて、万治四年（一六六一年）に疱瘡神社を建立した。

疱瘡婆さんの出身地である湯尾峠の茶屋では、「孫嫡《まごじゃく》子《し》」という疱瘡除けの守札を出していた。孫嫡子は、光明童子という神の化身の子どもで、東大寺で修行したのち、父の形見の如意輪観音像を奉じて御堂を建て、多くの旅人たちの病を癒したとされる。この孫嫡子信仰は、井原西鶴の『男色大鏡《なんしょくおおかがみ》』、近松門左衛門の『傾城反魂香《けいせいはんごんこう》』、十返舎一九の『湯尾峠孫嫡子』などにも登場することから、全国に名前を知られた。また同県越前市国兼町の大塩八幡宮は、疱瘡神北国湯尾大明神を祀って諸国に疱瘡札を配っていた。人びとは疱瘡から逃れるためにその守札を戸口に貼ったり、守袋に入れて持ち歩いたりした。

鷺明神　「護痘錦嚢《ほうそうまもりぶくろ》」〈石塚尹（汶上）著、文政7年（1824年）〉より

正徳2年（1712年）に松江藩下屋敷で第5代藩主・松平宣維《のぶずみ》の嫡男が疱瘡に罹《かか》ったとき、託宣により宣維が出雲大社の摂社だった伊奈西波岐神社（鷺大明神）に祈願したところ快癒したため、雑司が谷の鬼子母神堂の境内に鷺大明神を祀ったとされている。

疱瘡神社〈山梨県上野原市〉

万治４年（1661年）に越前湯尾峠（現在の福井県南条郡南越前町）から疱瘡神の分霊を迎えて創建された。明治５年（1872年）、神社を近くの牛倉神社の中に移したところ、塚場地区に赤痢が流行したので「たたり」だとし、３年後に元の場所に戻されたという。

第四章／明治の流行病

近代にも流行ったコレラ

日本で初めてコレラが発生したのは文政五年（一八二二年）のことで、その後もたびたび流行に見舞われた。明治に時代が変わっても、コレラは日本国内で流行を繰り返したのだった。

明治一〇年（一八七七年）の流行は、西南戦争の最中で、政府軍の中から感染が拡大したほか、同時多発的に横浜と長崎でも流行していった。同じ年に、コレラ感染者の行政への届出制度を規定した「虎列刺《コレラ》病予防法心得」が出され、現在の感染症法の原点のひとつとなった。その後も法規・法令が整備され、防疫の強化が図られていくと、庶民のあいだでおこなわれてきたまじないや祈禱《きとう》などにも規制が及ぶこととなる。

明治一五年（一八八二年）八月三十一日付の『読売新聞』には「昨今市中の絵草紙屋にてコレラ病除けの守りなりとて三本足の猿の像やまたハ老人の面《かお》に鳥の足の付いたえたいの分らぬ絵などを発売するハ愚人を惑し甚だ予防の妨げに成るにつき此《この》ほど其筋より発売禁止の儀を警視庁へ達せられました」とある。こと「三本足の猿の像」とはアマビコの錦絵だと思われる。

コレラの流行にかかわり、予言獣を描いた絵が話題になったという記録はほかにも確認できる。明治一五年七月十日の『郵便報知新聞』には、悪病除けと称して刷り物を市街で売り歩いた者が大儲けをしたという記事が掲載されている。この刷り物は安政五年（一八五八年）に江戸でコレラが流行した際に、何者かが本所で配っていたコレラ除けの刷り物を翻刻して配ったのだという。

明治一九年（一八八六年）に描かれた錦絵「虎列刺退治 虎列刺の奇薬」（112頁）によると、広島鎮台の某歩兵大尉がコレラのため死去したが、生前の希望により遺体を解剖したところ正体不明の「動物（むし）」が見つかった。当時の人びとはこれがコレラの病源であると考えたようで、またこの錦絵では故事に倣い、梅酢を用いると効き目があったと書かれてもいる。

「はやり風」

インフルエンザ（流行性感冒）は、ウイルスに感染すると高熱が出て、関節痛や頭痛などが一週間ほど続くもので、「はやり風」とも呼ばれるが「かぜ」とは異なるものである。

中国医学では現在の「かぜ（かぜ症候群）」にあたる病気は「感冒」で、「風邪」のほうは、中国最古の医学書とされる『黄帝内経素問《こうていだいけいそもん》』に「風邪は万病のもと」という言葉があるように、体に侵入する邪気を指す。しかし、日本では江戸時代になると「感冒」と「風邪」が同じ意味で使われるようになり、多くの人びとに感染する感冒を「風疾」「風気」と呼んでいた。

インフルエンザの最初の大流行は慶長一九年（一六一四年）で、鎖国をしていた日本にも長崎などを通じて伝播《でんぱ》した。

寛政七年（一七九五年）には無敵の横綱・谷風梶之助が、江戸で猛威を振るっていたインフルエンザが原因で亡くなった。谷風の死因となったインフルエンザは、患者の衣に鹿かイノシシの毛が必ずついていたといわれる「御猪狩風《おいかりかぜ》」と呼ばれるものだった。また谷風が生前、「私を土俵上で倒すことはできない。倒れるのは風邪に罹ったときくらいだ」と豪語していたため、インフルエンザのことを「谷風」と呼ぶこともあった。

天保《てんぽう》六年（一八三五年）に奥医師の伊東玄朴がドイツの内科書を翻訳して、『医療正始《せいし》』の名で刊行したが、そのなかではインフルエンザに「印弗魯英撤」の漢字をあてている。これが日本でインフルエンザの病名が活字になった最初だとされる。

江戸時代の風邪の流行には「お七風」「お駒風」などその当時話題の女性の名前や、「琉球風」「アメリカ風」など、風邪がやって来たとみられる土地の名前がつけられた。明治二三年（一八九〇年）から翌年にかけて、世界的なインフルエンザの大流行が日本に及んだとき、当時の人びとはこのインフルエンザを「お染風」と呼んだ。そこでお染を避けるため、恋人の「久松」が不在であることを示す「久松るす」と書いた紙を玄関に貼り、お染風の侵入を防ごうとしたのである。

インフルエンザの最大の流行は、大正七年（一九一八年）から翌年にかけてヨーロッパで始まった「スペイン風邪」で、全世界で患者数は六億人、死者は二三〇〇万人に達した。

はやり風用心

はやりかぜようじん

明治23年（1890年）　｜40×76cm｜

明治二三年から翌年にかけてインフルエンザが大流行した際に描かれたもので、医者、薬屋、按摩が大繁盛する一方、銭湯や散髪屋に閑古鳥《かんこどり》を描いて、迷信を批判し、医学的知識を啓蒙している。

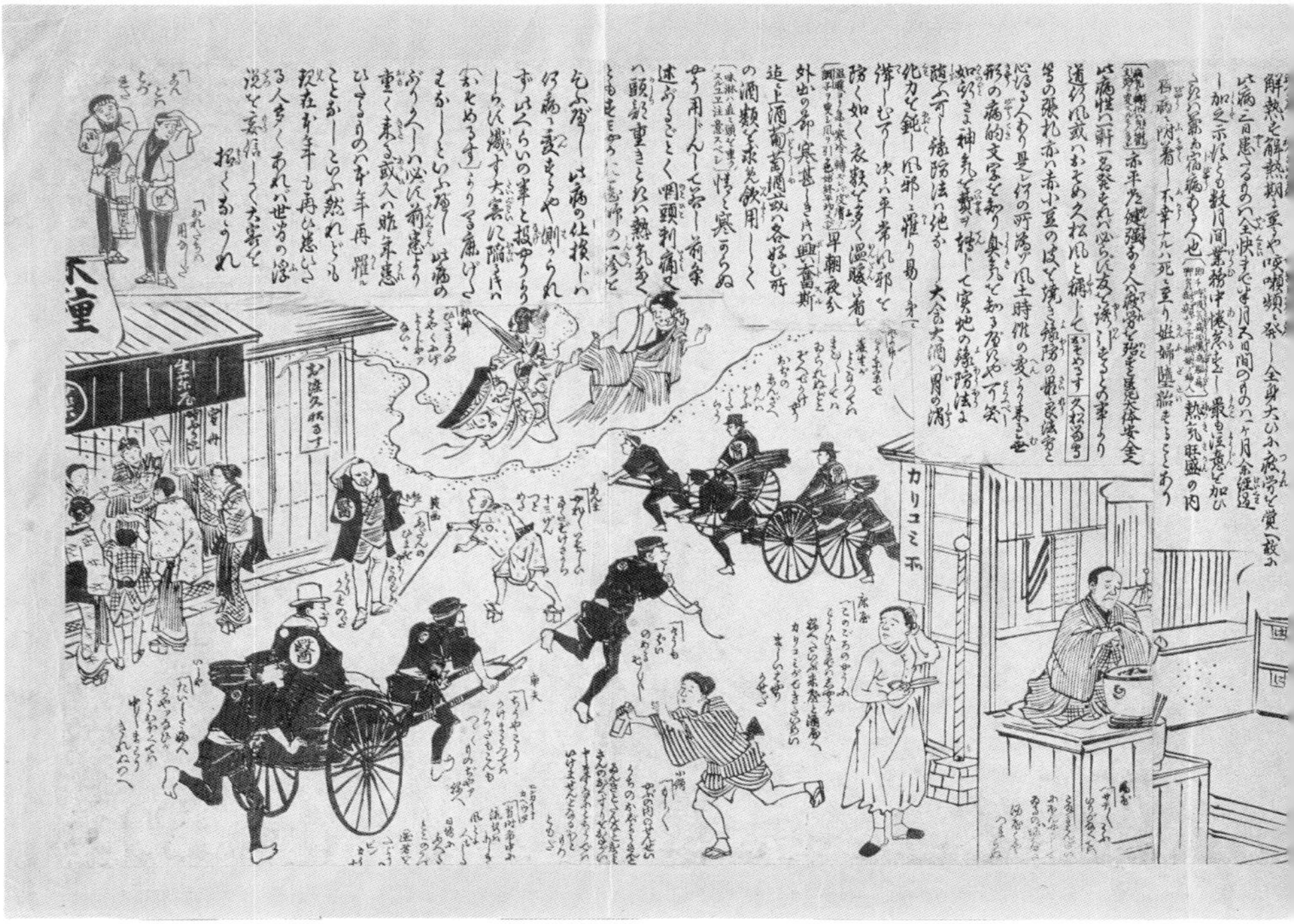

諸神の加護によりて良薬悪病を退治す《しょしんのかごによりてりょうやくあくびょうをたいじす》

一寿斎芳員 画　慶応3年（1867年）　—41×58cm—

外国からの輸入薬が鎧《よろい》を着込み、痘瘡《とうそう》・回虫・霍乱《かくらん》など日本の病を懲らしめている。輸入薬を応援するように見守るのは、牛《ご》頭《ず》天皇（天王）を筆頭に、神田大明神、正八幡宮など日本の神である。神仏分離の直前に描かれた近代への過渡記を示す作。

諸神《しよじん》の加護《かご》りよりて
良薬《りやうやく》悪病《あくびやう》を退治
牛頭天皇
神田大明神
金毘羅大権現
山王大権現
氷川大明神
機那

流行虎列刺病予防の心得《りゅうこうこれらびょうよぼうのこころえ》

橋本直義 画

明治10年（1877年）―35×24cm―

コレラに罹らないようにするには、空気を入れ替え、居室を乾燥させ、体や衣類は清潔にし、薄着や裸で寝ることのないようになど注意することが、横浜在留の「ドクトル」の報告として記されている。

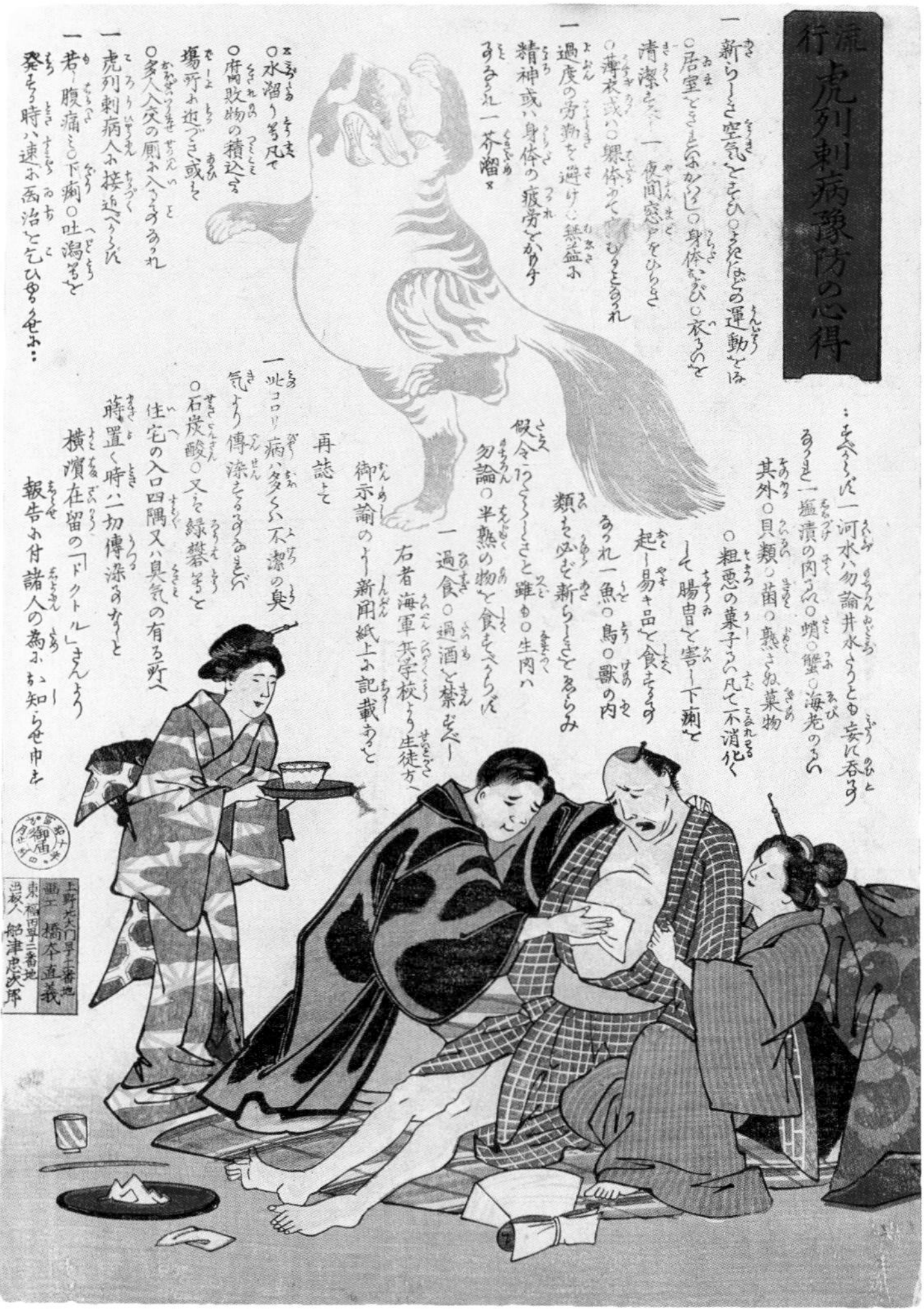

流行悪疫退散の図

りゅうこうあくえき
たいさんのず

明治13年（1880年）―42×31cm―

蔓延《まんえん》するコレラを、ライオンの頭、虎の胴体の怪獣に見立てて、人びとが追い立てようとしているようすを描く。洋服を着た男が、消毒に効果がある石炭酸を噴霧している。

虎列刺退治 虎列刺の奇薬

●これらたいじ
これらのきやく

本村竹次郎 画
明治19年（1886年）—31×43cm—

頭が虎（こ）、胴体が狼（ろ）、睾丸が狸（り）という怪獣が人びとを押さえつけている。これに対し、衛生隊が薬を噴射して退治しようとするが、消毒薬の石炭酸も予防薬の宝丹も効き目がないようである。

新形三十六怪撰《しんけいさんじゅうろっかいせん》 為朝の武威《ためとものぶい》 痘鬼神を退く図《とうきじんをしりぞくず》

月岡芳年郎 画
明治23年（1890年）
―37×25.3cm―

「新形三十六怪撰」は、「無残絵」で人気を誇っていた月岡芳年による三六点の「妖怪画」の連作で、明治二二年（一八八九年）から芳年没後の明治二五年にかけて出版された。疱瘡《ほうそう》に罹った子どもを背負った「痘鬼神」を、源為朝がにらみつけているようすが描かれている。

・参考文献一覧・

会田秀介『医と石仏——庶民の治病信仰』青蛾書房、二〇〇二年

磯田道史『感染症の日本史』文春新書、文藝春秋、二〇二〇年

伊藤恭子編著『くすり博物館収蔵資料集④はやり病の錦絵』内藤記念くすり博物館、二〇〇一年

稲垣裕美編著『病まざるものなし——日本人を苦しめた感染症・病気 そして医家』内藤記念くすり博物館、二〇一一年

疫病退散！角大師ムック編集部編『疫神病除の護符に描かれた元三大師良源』サンライズ出版、二〇二〇年

大島建彦『疫神とその周辺』民俗民芸双書、岩崎美術社、一九八五年

大島建彦『災厄と信仰』三弥井民俗選書、三弥井書店、二〇一六年

尾崎清次『玩具図譜 第一巻 小児疾病の呪禁に関する玩具』村田書店、一九八二年

酒井シヅ『日本の医療史』東京書籍、一九八二年

酒井シヅ『病が語る日本史』講談社学術文庫、講談社、二〇〇二年

桜井徳太郎編『民間信仰辞典』東京堂出版、一九八〇年

佐藤健二『流言蜚語——うわさ話を読みとく作法』有信堂高文社、一九九五年

島田裕巳『疫病退散——日本の護符ベスト10』サイゾー、二〇二〇年

島田裕巳『疫病vs神』中公新書ラクレ、中央公論社、二〇二〇年

鈴木則子『江戸の流行り病——麻疹騒動はなぜ起こったのか』歴史文化ライブラリー、吉川弘文館、二〇一二年

高橋敏『幕末狂乱――コレラがやってきた！』朝日選書、朝日新聞社、二〇〇五年

立川昭二『近世病草紙――江戸時代の病気と医療』平凡社選書、平凡社、一九七九年

常光徹『予言する妖怪』歴博ブックレット、歴史民俗博物館振興会、二〇一六年

長野栄俊「予言獣アマビコ・再考」小松和彦編『妖怪文化研究の最前線』妖怪文化叢書、せりか書房、二〇〇九年

中野操編著、日本医学文化保存会編『錦絵医学民俗志』金原出版、一九八〇年

中村浩訳『疫病退散！――入手先・由来・ご利益のすべてがわかる――全国厄除け郷土玩具』誠文堂新光社、二〇二〇年

波平恵美子『病気と治療の文化人類学』海鳴社、一九八四年

藤岡摩里子『浮世絵のなかの江戸玩具――消えたみみずく、だるまが笑う』社会評論社、二〇〇八年

富士川游『日本疾病史』東洋文庫、平凡社、一九六九年

牧野玩太郎・稲田年行編著、榊原和夫撮影『日本郷土玩具集成全三巻』日本図書センター、二〇一三年

南和男『幕末江戸の文化――浮世絵と風刺画』塙書房、一九九八年

宮田登『近世の流行神 日本人の行動と思想』評論社、一九七五年

山内一也『ウイルスの意味論』みすず書房、二〇一八年

湯本豪一「予言する幻獣――アマビコを中心に」小松和彦編『日本妖怪学大全』小学館、二〇〇三年

湯本豪一『日本の幻獣図譜――大江戸不思議生物出現録』東京美術、二〇一六年

H・O・ローテルムンド『疱瘡神――江戸時代の病いをめぐる民間信仰の研究』岩波書店、一九九五年

P78　大阪神農張子虎
所蔵：大阪府立中之島図書館

P79　黄鮒
画像提供：栃木県

P80　寝牛
撮影：畑中章宏

P83、P90　アマビエの図（「肥後国海中の怪」より）
所蔵：京都大学附属図書館

P85、P92-93　姫魚図　「肥前国平戸において姫魚竜宮より御使なり」より
所蔵：国立歴史民俗博物館

P87　悪魚図　「幻獣尽くし絵巻」より
所蔵：湯本豪一記念日本妖怪博物館（三次もののけミュージアム）

P89上　件
出典：瓦版（天保七年／丹後倉橋山の件を描いたもの）

P89下　白澤之図
所蔵：内藤記念くすり博物館

P91　尼彦　「猿のかたちの光物（熊本）」より
所蔵：国立歴史民俗博物館

P94　錦絵 海出人之図（越後国福島潟）
所蔵：国立歴史民俗博物館

P95　越後の光り物　「光物 刷物」より
所蔵：新潟県立歴史博物館

P96　ヨゲンノトリ　「市川村暴瀉病流行日記」より
所蔵：山梨県立博物館

P97　件獣之写真
所蔵：湯本豪一記念日本妖怪博物館（三次もののけミュージアム）

P99　入来町の疱瘡踊り
画像提供：薩摩川内市教育委員会

P101　鷺明神　「護痘錦嚢」より
所蔵：京都大学附属図書館

P102　疱瘡神社
画像提供：山梨県上野原市
https://www.city.uenohara.yamanashi.jp/

P106-107　はやり風用心
所蔵：内藤記念くすり博物館

P108-109　諸神の加護によりて良薬悪病を退治す
所蔵：内藤記念くすり博物館

P110　流行虎列剌病予防の心得
所蔵：内藤記念くすり博物館

P111　流行悪疫退散の図
『錦絵医学民俗志』（金原出版、1980年）より転載

P112　虎列剌退治　虎列剌の奇薬
『錦絵医学民俗志』（金原出版、1980年）より転載

P113　新形三十六怪撰 為朝の武威 痘鬼神を退く図
所蔵：国立国会図書館

P49　疱瘡退除の図
所蔵：内藤記念くすり博物館

P50-51　麻疹能毒合戦図
所蔵：内藤記念くすり博物館

P52　むぎどのは生れぬ先にはしかしてかせての後はわが子なりけり
所蔵：内藤記念くすり博物館

P53　麦殿大明神
所蔵：国際日本文化研究センター

P54　麻疹元服図
所蔵：内藤記念くすり博物館

P55　はしかのまもり
所蔵：国際日本文化研究センター

P56　麻疹軽くする法
所蔵：内藤記念くすり博物館

P58　麻疹心得之図画
所蔵：東京都立中央図書館特別文庫室

P59　麻疹禁忌荒増
所蔵：内藤記念くすり博物館

P60　麻疹禁忌
所蔵：内藤記念くすり博物館

P61　麻疹送出しの図
所蔵：内藤記念くすり博物館

P62　麻疹養生之伝
所蔵：内藤記念くすり博物館

P63　流行麻疹けん
所蔵：内藤記念くすり博物館

P64　麻疹後の養生
所蔵：国際日本文化研究センター

P65　疫癘神 加藤清正の手形
書籍『錦絵医学民俗志』（金原出版、1980年）より転載

P66-67　荼毘室混雑の図
所蔵：内藤記念くすり博物館

P68　厄はらひ
所蔵：内藤記念くすり博物館

P69　えきれいよけ
所蔵：内藤記念くすり博物館

P70　由縁の友戌の見舞い
所蔵：東京都立中央図書館特別文庫室

P71　幡随院長兵衛 金時ころり
所蔵：内藤記念くすり博物館

P72-73　須佐之男命厄神退治之図（推定復元図）
画像提供：すみだ北斎美術館／DNPartcom

P75　疱瘡除けの玩具
所蔵：内藤記念くすり博物館

P76　江州草津張子　猩々
所蔵：大阪府立中之島図書館

P77　疱瘡除けのみみずく
所蔵：日本玩具博物館、photo : Ayame OSAKI

・掲載元一覧・

P1（本扉）、P41　通神鳥
所蔵：内藤記念くすり博物館

P10-11　天刑星　国宝「辟邪絵」より
所蔵：奈良国立博物館

P13　祇園大明神　「諸宗仏像図彙３」より
所蔵：国立国会図書館

P15　牛頭天王像
所蔵：木津川市松尾神社
寄託・画像提供：京都府立山城郷土資料館

P17、表紙　角大師
画像提供：玉泉寺

P18-19　融通念仏縁起絵巻 下巻
所蔵：清凉寺、画像提供：東京国立博物館
Image: TNM Image Archives

P23上　事八日の大草鞋
P23下　鹿島様
P27上　八坂神社本殿（国宝）
P27下　八坂神社摂社疫神社
撮影：畑中章宏

P29上　祇園祭 長刀鉾
画像提供：公益財団法人祇園祭山鉾連合会

P29下　祇園祭の粽
撮影：畑中章宏

P30上　蘇民将来符〈伊勢・志摩地方〉
所蔵：内藤記念くすり博物館

P30下　蘓民将来符〈信濃国分寺（八日堂）〉
撮影：畑中章宏

P33　疱瘡神祭る図（「疱瘡心得草」より）
所蔵：国立国会図書館

P35　牛痘接種引札　疱瘡の神とは誰か名付けん
所蔵：内藤記念くすり博物館

P37　麻疹癚語
所蔵：京都大学附属図書館

P39　三日ころり愛哀死々
所蔵：国立国会図書館

P40右　オオカミの護符
画像提供：三峯神社

P40左　オオカミの護符（大口真神切札）
画像提供：武蔵御嶽神社

P42　痘瘡・麻疹・水痘
所蔵：東京都立中央図書館特別文庫室

P43　豆州八丈島鎮守 正一位八郎大明神正像
所蔵：内藤記念くすり博物館

P44　為朝と疱瘡神（「鎮西八郎為朝 疱瘡神」）
所蔵：東京都立中央図書館特別文庫室

P46　中村芝翫九変化ノ内（鍾馗と青鬼）
所蔵：内藤記念くすり博物館

P47　みみずく
所蔵：東京都江戸東京博物館
Image: 東京都歴史文化財団イメージアーカイブ

P48　桃太郎とだるま
所蔵：内藤記念くすり博物館

畑中章宏

1962年、大阪生まれ。民俗学者、作家。

著書に『災害と妖怪』『津波と観音』(亜紀書房)、『天災と日本人』(ちくま新書)、『柳田国男と今和次郎』(平凡社新書)、『21世紀の民俗学』(KADOKAWA)、『死者の民主主義』(トランスビュー)など。

日本疫病図説

絵に込められた病魔退散の祈り

2021年5月10日　初版第1刷発行

著者　畑中章宏

発行者　池田圭子

発行所　笠間書院
〒101-0064
東京都千代田区神田猿楽町2-2-3
電話03-3295-1331　FAX03-3294-0996

ISBN 978-4-305-70940-0

アートディレクション ――― 細山田光宣
装幀・デザイン ――― 鎌内文(細山田デザイン事務所)
本文組版 ――― CAPS
印刷/製本 ――― 大日本印刷